あなたの庭を変える簡単造形テクニック

モルタルで作る
ガーデンクラフト51

原嶋早苗

青色のスタイロフォームに
モルタルを塗って着色すれば、
アンティークレンガのできあがり！
そんなガーデンアイテムの
作り方をわかりやすく解説します。

主婦と生活社

モルタルで作る ガーデンクラフト51
CONTENTS

P4 … 読者のみなさまへ
P6 … マストSあると便利 モルタル造形の基本の材料&道具

Lesson 01　P8 … 基本のモルタル造形
BASIC ITEM

ここでモルタル造形の基本を学びましょう

- P10 … 01　アンティークレンガ
- P14 … 02　ステップストーン
　　　　　　小花のステップストーン
- P18 … 03　小さな葉っぱのおうち

Lesson 02　P20 … 憧れのガーデンアイテムを簡単造形
GARDEN ITEM

簡単に、そしてリーズナブルに、庭づくりに欠かせない雑貨や造作に挑戦しましょう

- P22 … 01　枕木
- P24 … 02　足場板の花台
- P26 … 03　バードバス
- P30 … 04　トタン屋根のバードフィーダー
- P34 … 05　アンティークサイン
- P38 … 06　三つ編み飾りのバスケット
- P41 … 07　ガーランド
- P42 … 08　ウッドバケツ
- P46 … 09　板壁
- P50 … 10　ヴォレー窓付きの壁
- P54 … 11　立水栓
- P55 … omake　クレッセント鉢　センサーライト付きハウス
- P56 … 12　タイルトレイ
- P60 … 13　コロボックルのソーラーハウス

P64 … 特別Lesson　モルタルと多肉植物は「両思い」
　　　　お互いの魅力を引き立てるために、寄せ植えの基本を覚えてください。

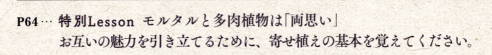

Lesson 03 P66… 可愛いモルタルデコで庭を絵本の世界に
FAIRY GARDEN ITEM

庭を妖精が訪れそうなファンタジーな世界にしたいなら、モルタル造形がぴったりです！

- P68… 01 3連の枕木
- P70… 02 ミニミルク缶
- P74… 03 森のどんぐりハウス
- P77… 04 おうちのガーデンピック
- P78… 05 リースのタブロー
- P80… 06 ハニーポット
- P82… 07 レンガ模様の温湿度計
- P84… 08 すやすやくまさん
- P88… 09 トランペットフラワーのおうち
- P90… 10 100年前のミニブック
- P93… 11 アンティークドア
- P95… 12 アンティークのアイアンフレーム
- P98… 13 撮影スポット
- P100… 14 インターホンカバー

Lesson 04 P102… あなたの創造力を刺激する作品ギャラリー
MORTAR DECO MEISTER LIST

何を作ろう？ そんなあなたのインスピレーションの源になりそうな作品をごらんください！

- ●コッツウォルズハウス　●デニム鉢　●antique candle
- ●アンティークポット　●マッシュルームストーン
- ●Cactus Deco　●Forest Music　●ルクール
- ●"BOOK"garden plate　●ノームサンタ　●カフェのある裏路地
- ●遺跡ブック　●風にひらり麦わら帽子　●Cafeプレート
- ●ガーデンプレート　●蚊取り線香ホルダー ～もくもく届け～
- ●アルベロベッロ壁掛け時計　●月あかりのブランコ

P103… マイスターさんはきっとあなたのそばにいらっしゃいます。
モルタル造形を始めたくなったら、こちらの教室にもお問い合わせしてください。

P110… 最後に

読者のみなさまへ

　本書を手に取ってくださったみなさまは、ふだんから庭づくりを楽しんでいらっしゃる方でしょうか。「ここにアレがあったら……」と、ガーデンアイテムを探していらっしゃるのでしょうか。モルタル造形・モルタルデコは初めてですか?

　私が本格的にモルタル造形を始めたのは2010年ごろ。以来、南仏の田舎の家の造作やカントリー雑貨、そしてコッツウォルズの世界観をモルタルで表現するハンドメイドに夢中です。

　同じように楽しんでくれる仲間=マイスターもふえました。本書では、みなさまにも私たちと一緒に庭づくりやハンドメイドを楽しんでもらうために、たくさんのガーデンアイテムの作り方を解説しています。

　掲載されている作品を見て、「難しそう」とひるまないでくださいね。ぶきっちょさんでも、ちょっとしたコツをマスターすればあとは応用です。材料も100円ショップで買えるものが大半。ハンドメイド初心者の方におすすめなのです。

　また、庭やベランダだけでなく室内でも楽しめる作品を多数掲載しています。

　あなたの暮らしをモルタルの手作り作品でこれまで以上に色鮮やかにしてほしくて。その思いをこめて本書を作りました。

　それでは、私が愛するモルタル造形の世界をお楽しみください!

原嶋早苗

著者・原嶋早苗

ガーデンクラフトアーティスト、モルタルデコアーティスト。園芸店でガーデニング教室講師を務めるかたわら、ワイヤークラフトも習得。造園会社での植栽、モルタル造形の製作を経て、2010年に「Sanae Garden」をスタート。モルタル造形、ワイヤークラフト、木工などのガーデンクラフト教室を、自宅の庭に設けたアトリエやオンラインで開催し、全国に生徒をもつ。
現在、モルタル造形の資格＝ディプロマを取得した「モルタルデコマイスター」の指導にも力を入れている。

著書『庭づくりを楽しみつくす ガーデンクラフトLesson』（成美堂出版刊）、『簡単ガーデンクラフトのつくり方48 原嶋早苗のモルタルデコとワイヤー雑貨』（主婦と生活社刊）など

https://www.sanaegarden.net
インスタグラム＠sanaegarden

本書の読み方

寸法について
モルタル造形のプロセスでは、塗ったモルタルや部品などの厚みに合わせて、目分量で仕上げることもあります。できあがり寸法を入れましたが、補正しながら作るのもモルタル造形の楽しさ。多少のズレは補正しながら進めてください。また、できあがりの寸法はあくまでも目安であり、モルタルの厚みはふくまれていません。

材料や道具について
本書で紹介しているものは一部商品名で掲載していますが、同様の役割ができるほかの商品でも問題はありません。各メーカーの仕様書に従ってください。
なお、1カップは200cc、大さじ1は15cc、小さじ1は5ccで計算しています。
材料・道具は、大半は100円ショップやホームセンターで購入できます。また、「Sanae Garden」で通信販売も行っていますので、上記のホームページをごらんください。

● 「モルタルデコ」はSanae Garden（原嶋早苗）の登録商標です。
● 本書に掲載した作品を製作して販売すること、また掲載作品を使用しての有料のワークショップや教室(レッスン)は禁止させていただきます。詳しくは上記ホームページまでお問い合わせください。

マスト&あると便利
モルタル造形の基本の材料&道具

＜ material ＞

Foundation

スタイロフォーム

押出し発泡ポリスチレン板「スタイロフォームIB」。本書ではスタイロフォーム、あるいはスタイロと呼んでいます。モルタル造形をモルタルだけで作ると大変な重さに。そこでベースとして活用しているのが、このスタイロです。①ほとんど水を吸収しない、②軽くて丈夫、③加工が簡単、④熱を伝えにくい……などの長所があり、ホームセンターなどで購入できます。

Mortaring

ギルトセメント

水と混ぜるだけでモルタルができるよう調合されている、モルタル造形専用材料。砂とセメントを練ったものよりも軽量で、凝った造形にも向いているので、モルタル造形ならこちらがおすすめ。その一種、「ギルトセメント レリーフ」はディテールがこまかい造形に向いています。参考価格：「ギルトセメント レリーフ中袋５kg」1650円〜（Sanae Garden）

ハイモルエマルジョン

モルタル接着増強剤が、ハイモルエマルジョン（ハイモル）。モルタルの硬化を助け、接着力を高め、強度・耐摩耗性、耐吸水性も向上してくれます。本書では、モルタルに混ぜたり下地として使用。スタイロにモルタルを塗る前に、必ずハイモルを塗ってください。本書では「ハイモル大さじ１：水大さじ２」の配分で使用。塗り広げやすい比率なので、覚えてください。

Painting

シーラー（下地用）

塗装には、基本的に下地→塗装→仕上げの３段階が必要。本書ではシーラーを下塗り材として使用しています。シーラーは、塗装を行う面と、その後に塗り重ねる塗料との密着性をよくし、重ね塗りした塗料の色を鮮やかに発色してくれる効果も。シーラーを忘れて直接塗料を塗ると、モルタルにしみ込んで発色が悪くなってしまいます。

水性アクリル絵の具

色がのりやすいように、いったん全体を白で塗ることも多いです。その上でベースの色づけ、そして絵つけ。このあと、右のトップコートを塗ります。エイジング加工やガーデンアイテムにおすすめなのは、ローアンバー（経年を表現する濃い茶色）、オーカー（黄土色）、オキサイドレッド（さびた感じを出す赤茶色）の３色。

トップコート

紫外線防止保護塗料。トップコートは、「水性UVカットクリア」「つや消し」としても販売されています。本書では、着色面の色あせ・色落ちを抑える保護塗料として使用。耐水性に優れているうえ汚れ防止にもなるので、本書のプロセスで省略されていたとしても、塗装後にトップコートを塗るようにしてください。

< Tool >

基本の道具

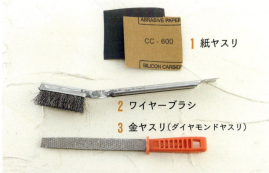

1・2・3 スタイロフォームにモルタルが密着しやすいように凸凹をつける。本書では2の出番が多い。 4 乾燥防止や塗料を塗りやすくするために。 5・7 モルタルを練るときに使用。 6 手の保護に。使い捨てを推奨。 8 何かと出番が多い。 9・14 2つを組み合わせて作業台を作る。 10 造形や着色時に。 11 底面の乾燥用。 12 ぼかし用。 13 こまかなクズを取り除く。 15 ニュアンスをつけて塗布するときに。 16 スタイロフォーム同士を貼りつける時は「ボンドG2002」を使用。木工用ボンドでもOK。ただしその場合は、モルタル造形を行う前日までに貼っておくこと。 17・18 繊細な造形に。

あると便利な道具

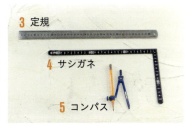

1 着色や下塗りに。 2 モルタルを平らに塗ったり造形にも。 3・4 金定規。 5 円を描くために。 6 切るときに。 7・8 ワイヤーを曲げたり切ったり。 9 盆栽用アルミワイヤーがおすすめ。

Lesson 01

基本の
モルタル造形

BASIC ITEM

ここでモルタル造形の基本を学びましょう。
レンガやステップストーンなど、
ガーデニングでおなじみのアイテムで作り方をマスターすれば
あとは応用。
もっと凝ったアイテムも自在に作れるようになりますよ。

| モルタル造形の基本の工程はこちら！ |

「ん？ 今、何の工程だろう？」と
わからなくなったら、こちらをご確認ください。
モルタル造形の流れをしっかり理解しておけば、作業時間の節約にもつながります。

START
1_作りたいものを絵に描き起こす

実物や写真をじっくり観察したり完成の姿を想像して、ラフに絵に描いて下絵にしましょう。寸法が決まっていれば型紙としても使えます。ただ、作りながら試行錯誤するのもモルタル造形の醍醐味。絵が苦手な人はこの工程をサラッと終わらせてもOKですよ。

2_道具・材料をそろえる

モルタルは練ったそばから固まってしまうのが難点。作業を始める前に、P6〜P7を参考に、材料や道具をそろえます。なお、本書では各アイテムの作り方を解説する際、使用する基本の道具は省略しています。

3_土台を作る

スタイロフォームがモルタル造形の土台となります。サイズ表や下絵、型紙を当てて描いた線に沿ってカッターなどで切り出します。大きいものを作るときは、何枚かを重ねてボンドで貼り合わせます。この組み合わせを考える作業も、面白い時間ですよ。

4_モルタルを塗る前に

スタイロフォームにモルタルを塗りつける前に、ワイヤーブラシで表面をガサガサにします。このひと手間で接着がよくなります。そのあと、「ハイモルエマルジョン1：水2」の割合で土台全体にのばすと、モルタルを塗りやすくなります。

5_モルタルを練る→塗る

モルタルとは、ギルトセメント（モルタル造形専用素材）と水（ギルトセメントを固める役割）、ハイモルエマルジョン（モルタル接着増強剤。吸水調整の役割も）を混ぜて練ったもの。耳たぶのかたさに練ったら、ペインティングナイフなどでスタイロフォームに押さえつけるように塗ります。このとき、空気が入らないように注意。厚さの目安は2〜5mm。

6_成形・造形する

モルタル表面をなめらかに整えます。このあと、1〜2時間ほど放置。少し乾燥してやや白っぽくなってきたら、造形の開始。ペインティングナイフなどで細部を整え、さらに1日ほど置いて、しっかり乾燥させます。

7_着色する

本物そのものに見せられるかは、着色にかかっています。ハケや筆で下地用シーラーを塗り、乾燥。好みの色を塗っていきます。最初は薄く色づけし、重ね塗りすることでニュアンスのある質感が表現できます。それに、薄い色なら想定した色にならなかった時に、方向転換しやすいですね。本書では塗料を薄める際の水は分量外です。色づく程度まで薄めてください。

8_完成

色落ちを防ぐため、耐水性・紫外線防止のためのトップコートを塗ります。乾燥したら、できあがり。そのまま飾っても楽しめますが、モルタル造形と好相性の多肉植物を植え込むとさらに素敵に！ モルタルで作ったアイテムは基本的に半永久的に使えます。飽きても植えるものを替えるだけでイメージチェンジ。植物が乾いたら、霧吹きで土に水を与えましょう。

BASIC ITEM 01
アンティーク レンガ

本物のレンガの約10分の1、250gという軽さだから、ベランダにも気軽に飾れます。ただし、耐荷重が弱点。この上を歩くことはないよう、配置場所にはご注意を。

仕上がり　横180mm×縦90mm×厚さ50mm

| 材料 | ・スタイロフォーム：1枚 単位はmm 180 / 90 / 50 | ・モルタル用：
　ギルトセメント レリーフを1カップ
　＋ハイモルエマルジョンを小さじ1＋水を50cc
・モルタルの下地用：
　ハイモルエマルジョンを小さじ1＋水を小さじ2
・塗装下地用：シーラーを大さじ1
・仕上げ用：トップコートを小さじ1＋水を0.5cc
・塗料：白、ローアンバー、バーントシェンナ、黒 |

道具 P7

作り方

1 ワイヤーブラシをかける

スタイロフォーム（以下スタイロ）全体にワイヤーブラシをかけ、表面に細かい凹凸を作り、表面をザラザラにする。

2 ハイモルエマルジョンを塗る

全体に水で薄めたハイモルエマルジョン（以下ハイモル）を塗って、乾かす。

3 スタイロフォームにモルタルを塗る

4

3 スタイロの底にする面から練ったモルタルをペインティングナイフで塗り始めて、全体に塗る。パンにバターを塗るようにペインティングナイフの背でモルタルを塗り広げ、フラットな表面をつくる。塗る厚さの目安は2～3mm。4 の作業台は、板をビニールで覆ったもの。

---

one-point advice

モルタルの混ぜ方

モルタルを作るときの基準の量は、ギルトセメント（プロレリーフ以外）1カップ＋水50cc＋ハイモルエマルジョン小さじ1。混ぜる時は、セメントにハイモルを入れ、水を少量ずつ入れて混ぜ、耳たぶのかたさになったらOK。少なくとも3分は練って、照りを出すこと。

アンティークレンガ

製作の難易度 ★

5 ディテールをつける

少し乾いてきたら（室内で60分ほどが目安）、ペインティングナイフで表面をこすり、本物のレンガをイメージして、ザラッとした感触にする。

6

角を少し削ることで、古びて剥がれたような表情（経年変化）をつくる。

7 着色の準備をする

モルタルが乾いたら（一晩が目安）、全体にシーラーを塗る。下に当て木を挟むことで、作業台との接着を防ぐ。

8 水分を与える

全体に霧吹きで水を吹きつけて、しっとりと湿らせる。

9 着色する

ローアンバーとバーントシェンナを軽く混ぜて作った赤茶色を、少量の水（分量外・以下同）で薄める。

10

赤茶色を平バケにとり、トントンとなでるように塗る。8で吹きかけた水が塗料をにじむように広げてくれる。

11 アンティーク風に加工＆着色する

9 に黒を少し混ぜて作ったこげ茶色を、丸筆で表面、側面、角にトントンと置いて色をのせる。

こげちゃ色を再度、四すみに筆でたたいて色をのせる。色の濃淡で、レンガが経年で欠けたように見える。

13 白に 9 を少しだけ混ぜてくすんだグレー色を作る。14 乾いた筆に 13 を取り、四すみや角っこに、かすれさせながら色をつける。このくすんだグレー色を足すことによって、よりアンティークの雰囲気をつくることができる。

15 ワンポイントを追加

乾いたらアルファベットをスタンプ（ステンシル、手書きでも可）。

できあがり！

水で薄めたトップコートを塗ったら完成。

BASIC ITEM
02
ステップストーン

土に埋めて飛び石にするのはもちろん
さりげなく置いているだけで
リズミカルな表情が生まれます。
型を変えればあなた好みのデザインも
自在に作ることができますよ。

仕上がり 直径220mm×厚さ30mm

| 材料 | ・スタイロフォーム：250mm四方×厚さ30mmと厚さ20mmを各1枚 |

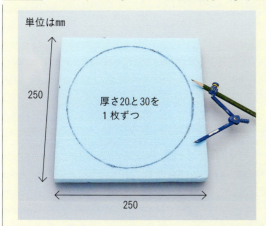

- モルタル（本体）用：
 ギルトセメント レリーフホワイトを3カップ＋
 ハイモルエマルジョンを15cc＋水を150cc
- モルタル（バラ6個）用：
 ギルトセメント レリーフホワイトを4カップ＋
 ハイモルエマルジョン20cc＋水を200cc
- 塗装下地用：シーラーを小さじ2
- 仕上げ用：トップコートを小さじ1＋水を0.5cc
- 屋内用ワックス：適量
- 塗料：黒、白、コバルトブルー

道具P7　そのほか、バラのシリコン型、クリアファイル、金ヤスリ、コンパスなど

作り方

preparation

1 ギルトセメント レリーフホワイトとハイモルエマルジョン、水を混ぜる。

2 手で握って指の跡がつくぐらいのかたさまで混ぜること。

one-point advice
モルタル
土台用とバラ用のモルタルを一気に練りたいところですが、「使うたびに練る」、これが基本。水が加わった時点で硬化が始まるので、モルタルを一度に練るのは、3カップを目安にしてください。

foundation

3 バラのシリコン型に屋内用ワックスを薄く塗って、はずしやすくする。モルタルを押し込むように型に詰める。

one-point advice
型
シリコン型にモルタルを詰め込んだら、軽く持ち上げてトントンと数回落とします。こうすると中の空気が抜け、表面がつるんとした仕上がりになりますよ。

4 1日以上放置する。完全に乾いてから、型からはずす。

5 厚さ30mmのスタイロに半径110mmの円を描き、カッターでくりぬく。

6 もう1枚のスタイロ（厚さ20mm）に、切り開いたクリアファイルをのせる。

7 上に5を重ね、ずれないように数か所を養生テープでとめる。

BASIC ITEM 02　ステップストーン　製作の難易度 ★

mortaring

8 新たに練ったモルタルをヘラで7の型に入れる。円の端には特に強く押しつけ、きれいな円になるようにする。9 上から¾まで入れたら、4 のバラ6個を押し込み、すき間をモルタルで埋めて、スタイロの高さに合わせる。

十分に乾いたら、上のスタイロにカッターで切り込みを入れて型をはずす。この時、外側に力を入れて押すと、破損なくはずれやすくなる。

クリアファイルをそーっと横にずらし、下の台からはずす。

縁に金ヤスリをかけて角を落とす。

painting

モルタル全体にシーラーを塗り、完全に乾燥したら霧吹きで水をかける。

黒と白にコバルトブルーを少しだけ足したブルーグレーを作る。

14で全体を塗る。凹凸があるので、丸筆を使うのがおすすめ。

14にコバルト・ブルーを少し足して、花びらに塗る。余分な水分をキッチンペーパーで押さえながら拭き取る。水で薄めたトップコートを塗ったら完成。

02-ARRANGEMENT

| 材料 | • P14の「ステップストーン」に準じる。
塗料：シンクレッド、白、ローアンバー |

100円雑貨の小花柄シート、スポンジなど

道具 P7

| 作り方 | 「ステップストーン」の **8** までと同じ工程 |

型にモルタルを入れる時、途中でワイヤーネットを挟んで割れ防止にする。

1

型の縁までモルタルを入れたら、小花柄シートをのせて上から手のひらで押し込む。十分に乾燥させる。

「ステップストーン」の応用

ARRANGEMENT
小花のステップストーン

シリコン型を使うより
もっと簡単な方法で
ステップストーンを作ってみましょう。
シートしだいで印象が変わります。

仕上がり　直径190mm×厚さ20mm

2

小花柄シートをはずし、シーラーを塗る。水で薄めたシンクレッドに白と少量のローアンバーを足したピンクベージュを小花に差す。

3

余分な水分と塗料をスポンジで取り、小花以外のところにたたいてぼかす。

4

水で薄めたローアンバーを、スポンジで縁にたたきながら着色したら完成。少し塗り残すバランスがポイント。

小花のステップストーン

製作の難易度 ★

BASIC ITEM 03
小さな葉っぱのおうち

小さな葉っぱが折り重なる
屋根が愛らしいフォルム。
葉っぱの造形を覚えれば
いろいろ形に応用できるので
作品づくりの幅が広がります

仕上がり　直径80mm×高さ150mm

材料

- スタイロフォーム：
  幅200mm×高さ150mm×厚さ30mmを1枚

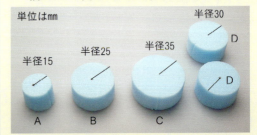

- モルタル用：
  ギルトセメント プロレリーフを½カップ＋
  水を25cc
- モルタルの下地用：ハイモルエマルジョンを
  小さじ1＋水を小さじ2
- 塗装の下地用：シーラーを大さじ1
- 仕上げ用：トップコートを小さじ1
  ＋水を0.5cc
- ボンドG2002：適量　・ビーズ、押しピン
- 塗料：黒、白、コバルトブルー、
  ローアンバー、シルバー

道具 P7　そのほか、歯石取りがあると便利

作り方

foundation

3
<!-- molding image 3 -->

1　A・B・CとDを2個、中心を合わせて重ね、ボンドで貼る。2　1を写真の順に重ね、ボンドで貼る。3　A・B・Cを円錐の形になるようカッターで削る。これが屋根になる。D2個は上部が半径28mmくらいになるように斜めに削り、太い幹の形にする。全体にワイヤーブラシをかける。

mortaring

4　水で薄めたハイモルを塗って乾かし、練ったモルタルを全体に塗る。厚さの目安は2mm。底も忘れずに。5　葉を作るので、ややゆるめに練ったモルタルをペインティングナイフの背に少し取り、両脇をつまむ。6　葉の形はペインティングナイフの形に沿わせて笹の葉のように作る。

molding

7　ナイフの先端を屋根から少しはみ出させ、押しつけながらナイフを上に抜く。葉っぱの形で一周する。8　2段目からは大小織り交ぜながらランダムに。頂上に花のガク(萼)に似た形を作りかぶせる。9　半乾きになったら、幹にワイヤーブラシをかけ、歯石取りでドアや葉に葉脈の筋を作る。

BASIC ITEM 03

小さな葉っぱのおうち

できあがり！

painting

黒　白　コバルトブルー　シルバー
10

11

ローアンバー
12

13

製作の難易度 ★

10 モルタルが乾いたらシーラーを塗って乾かし、全体を白く塗る。黒、コバルトブルー、白を混ぜてグレーを作り、**11** 細筆で葉に塗る。葉の重なり部分もていねいに塗る。上からシルバーを葉の緑に重ねる。**12** 10のグレーに黒とローアンバーを混ぜて薄茶色とこげ茶色を作って、幹とドアに塗り、水で薄めたトップコートを塗る。**13** 乾いたらビーズを押しピンで刺し、ドアノブを作って完成。

Lesson 02

憧れのガーデン
アイテムを簡単造形

GARDEN ITEM

簡単に、そしてリーズナブルに、庭づくりに
欠かせない雑貨や造作に挑戦してみましょう。
枕木やウッドバケツ（飼い葉桶）、立水栓に板壁など、
ガーデナーが憧れる13アイテムの作り方を紹介しました。
「ここの作り方をもっと詳しく知りたい」と思った時は、
「Lesson 1」をもう一度、読んでみてください。
これだけの完成度なのに
モルタル造形の工程は基本的に同じですよ！

モルタル造形の基礎知識

頭の片すみに置いてもらえれば
役に立ちそうな豆知識をご紹介します。

作業に必要なスペース

小物なら、1人分のデスクスペースがあれば十分。ひさしの下やベランダの一角など、急に雨が降ってきても大丈夫な場所がおすすめです。板壁（P46掲載）やヴォレー窓付きの壁（P50掲載）など大きな作品にチャレンジするときは、91×182cmのベース素材が置ける広さがあると、スムーズ。ちなみにベース素材は、畳1枚ほどの大きさなので、1人で移動するのはリスキー。助っ人を呼んで支えてもらってください。

製作時間と乾燥時間

実はモルタル造形は「待ち」の時間があります。1点の製作時間は2〜3時間ほどでも、モルタルの乾燥に1日〜数日かかることがあるのです。乾燥にかかる時間は、季節によって変わります。作業しやすいのは、春や秋です。特に秋は庭がさびしくなる冬を前に、素敵な作品を作るベストタイミングです。

材料費のこと

本書の作品をごらんいただいて「お金がかかりそう……」と、ひるまないでくださいね。小さなオブジェなら、1000円ほどの材料費で作れることも。そもそも素材や道具は、ホームセンターや100円ショップで購入できるものが大半。大きな作品を作る時も、道具は基本的に同じものを使っています。また、歯石取りなど本来の用途とは違う道具を見つけるのも楽しいですよ。

モルタルの保管方法

未使用のモルタル＝ギルトセメントは、風通しがよく、直射日光や雨が当たらず、湿気の少ない場所で保管してください。開封後はできるだけ早く使いきってほしいので、小分けされたタイプがおすすめです。また、繰り返しになりますが、モルタルは一気に作らないでください。練ったままの状態で置いておくと固まってしまうので、手間を惜しまず、少しずつ練って、足りなくなったらまた練って……を繰り返してください。

Lesson02の材料は、用途別ではなく、アイテム別に記載します。

GARDEN ITEM 01
枕木

　枕木は鉄道のレールの下に並べる部材ですが最近はその丈夫さと趣から庭の盛り上げ役に。モルタルで作れば朽ちない、虫がつかないと、ベランダにもぴったり。ただ、本物より丈夫ではないので、重たいものは置かないで。

仕上がり　横500mm×縦190mm×厚さ50mm

材料

- スタイロフォーム…1枚

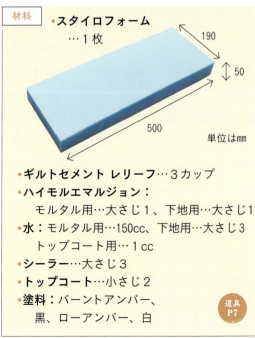

単位はmm

- ギルトセメント レリーフ…3カップ
- ハイモルエマルジョン：
　モルタル用…大さじ1、下地用…大さじ1
- 水：モルタル用…150cc、下地用…大さじ3
　トップコート用…1cc
- シーラー…大さじ3
- トップコート…小さじ2
- 塗料：バーントアンバー、
　黒、ローアンバー、白

道具 P7

作り方

foundation

1 スタイロの全体にワイヤーブラシをかけてざらつきを作り、水で薄めたハイモルを塗る。

molding

2 底の面からモルタルを塗り始め、全体が厚さ2〜3mmになるように塗る。

3 木口（木を横に切断した切り口）に半円を描くようにワイヤーブラシをかける。半円に溝がこまかくできることで、年輪に見えてくる。

4 木口以外の面に、一方向にワイヤーブラシをかけて木目を作る。

5 ペインティングナイフなどで太い溝や湾曲した溝を彫り、木の質感を出す。

6 塗料が定着しやすいようにシーラーを塗る。乾いたら、塗料をしみ込ませるために霧吹きで全体に水を吹きかけて、しっとりとさせる。

painting

7 黒とバーントアンバーを軽く混ぜ、こげ茶色を作ってから水で薄める。

8 7を平ハケに取り、全体に塗る。6で吹きかけていた水が、塗料をにじむように広げて、木の趣が増す。

9 7にローアンバーを少し足して、黒に近いこげ茶色を作る。ハケを立てて、溝にこげ茶色を入れる。

10 9にバーントアンバーを足し、明るめの茶色を作って水で薄める。

11 10を全体ではなく、ところどころに塗る。3色をランダムに塗ることで、朽ちた木の感じに見えてくる。

できあがり！

12 白を乾いたハケで、角を中心に塗る。朽ちた印象になる。仕上げに水で薄めたトップコートを塗る。

GARDEN ITEM 01 枕木

製作の難易度 ★

GARDEN ITEM
02
足場板の花台

工事現場などで作業時に足場として使用する床材は、枕木と同じように庭の盛り上げ役。これも、モルタルで作ってみましょう。木材が値上がりしている昨今、自分で作ればリーズナブルなうえ、加工も自由自在です。

仕上がり 横300mm×縦220mm×高さ180mm

材料
・スタイロフォーム…1枚
・プラスチック製まな板（Selia）…1枚
・アイアンスクエアブラケット（Selia）…150mm四方を4個
・盆栽用アルミワイヤー…直径2mm×長さ120mmを8本
・ギルトセメント レリーフ…3カップ
・ハイモルエマルジョン：モルタル用…小さじ3、下地用…小さじ1
・水：モルタル用…150cc、下地用…小さじ2、トップコート用…0.5cc
・シーラー…大さじ1　・トップコート…小さじ1
・ボンドG2002…適量　・ミッチャクロン…適量
・タッピングトラスネジ…長さ20mmを8個
・塗料：白、コバルトブルー、黒、ローアンバー、バーントシェンナ

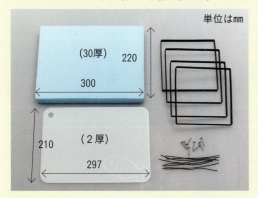

単位はmm

道具P7

作り方

foundation

1 サイズどおりにカットしたスタイロとまな板をボンドで貼り合わせ、乾いたらスタイロにワイヤーブラシをかける。

molding

2 まな板以外に水で薄めたハイモルを塗り、乾燥後、モルタルを塗る。厚さの目安は2mm。

3 木目、節を彫る。塗装まではP23を参照。水で薄めたローアンバーを塗布後、白とローアンバーを混ぜたオフホワイトを水で薄め、かすれた感じに塗る。

metal fittings

4 ミッチャクロンを塗り、黒とローアンバーを混ぜた色とバーントシェンナを塗り、2個1セットにする。

5 盆栽用アルミワイヤー（幅3mmのアルミ平ワイヤーでも可）をゲンノウ（カナヅチ）でたたいて平らにする。**6** ブラケットの向かい合った4か所の穴を隠しながらワイヤーを巻き、**4**と同じ色を塗る。2セット、作る。

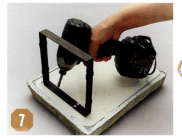

7 3を裏返し、左右の端から25mm内側、天地の中央にネジ穴を下にして**6**を置く。残した穴からタッピングトラスネジを打って固定。

できあがり！

表に返し、水で薄めた青、バーントシェンナをところどころに筆で飛ばし、水で薄めたトップコートを塗って完成。

GARDEN ITEM 02　足場板の花台

製作の難易度 ★

GARDEN ITEM 03
バードバス

鳥が水を飲んだり、浴びたりできるように
水をためておく鉢がバードバスです。
庭のアクセントとしても定番に。
こちらは、どんぐりの木の葉がモチーフ。
植物とも相性抜群です。

仕上がり 直径290mm×高さ250mm

材料

- スタイロフォーム：
  150mm四方×厚さ20mmを1枚
  幅450mm×高さ280mm×厚さ30mmを1枚
  幅300mm×高さ100mm×厚さ50mmを1枚
- プラスチックの皿…直径219mm×高さ270mmを1枚
- ギルトセメント プロレリーフ…7カップ
- ハイモルエマルジョン：下地用…大さじ1
- 水：モルタル用…350cc、下地用…大さじ2、
  トップコート用…1.5cc ・山砂…大さじ2
- 盆栽用アルミワイヤー…
  直径2mm×長さ1800mmを1本
- ボンドG2002…適量 ・結束線…1本
- シーラー…大さじ2 ・カチオンタイト…適量
- トップコート…大さじ1
- 塗料：黒、白、ローアンバー、オーカー

歯石取りがあると便利　道具P7

単位はmm
C(20厚)
A(30厚) 85 / 140
B(30厚) 65 / 85
D、E(50厚) 50 / 45

GARDEN ITEM 03

作り方

foundation

1 スタイロを上の写真のとおりに切り抜く。Bを土台にして、上にC、D、そしてE（2個）を片側（写真では左側）に寄せて重ねる。上になるEはわざと少しだけずらして（写真では右寄りに）重ねると、あとで趣が生まれる。

2 1をボンドで貼り合わせ、お菓子が入ったサンタクロースのブーツのような形にカッターで削る。これが脚になる。

3 ドーナツ状のAの中心に、皿をひっくり返してかぶせる。外周を油性ペンでなぞって型を取る。

4 ペンでなぞった線の上に、カッターで約10mmの深さまで切り込みを入れる。

5 内側の縁から切り込みを入れた位置まで斜めにカッターを入れて、スタイロを削り出す。これで皿をはめ込むスペースができる。

6 皿を裏返してのせ、ぴったりはまるように削って微調整。一度皿をはずし、その位置にボンドを塗って貼り合わせる。

7 表に返し、スタイロの内側を削って皿の縁に沿わせる。外側は角を落とし、丸みを帯びたフォルムに削る。皿にカチオンタイト（耐久性を強める）を塗る。

バードバス

製作の難易度 ★★★

8 脚の上に 7 の皿をのせて位置を決める。9 8 をひっくり返し、皿の裏に逆さまにした脚をボンドで貼り合わせる。皿の裏にもカチオンタイトを塗り、スタイロ全体にワイヤーブラシをかけ、水で薄めたハイモルを塗って乾かす。

mortaring

脚の底と皿の裏側にモルタルを2mmぐらいの厚さで塗る。

11 モルタルに山砂を混ぜる。12 10 をひっくり返し、脚にモルタルを厚さ2mmで塗り、その上から山砂を混ぜたモルタルを平バケでつける。回転台を使うと作業がしやすい。

mortaring

ナイロンブラシを幹の上から下に向けてかけ、樹皮の模様を作る。皿の周囲にモルタルを塗る。厚さの目安は3mm。

盆栽用アルミワイヤーを皿の大きさに合わせてざっくりと2周分、丸めて皿の縁に置き、写真のようにU字に曲げた結束線でところどころでとめて皿に固定する。幹にもワイヤーを垂らし、先を脚に刺して固く固定する。

one-point advice

盆栽用アルミワイヤーと結束線

柔らかいので形づくりがしやすく、たたいて平らに伸ばすこともできることから、曲線作りには盆栽用のワイヤーがおすすめ。アルミ製なので、さびにくいところも好きな点ですね。ひねって持ち手にしたりあしらいに使ったりと、モルタルとワイヤーは相性がいいんです。ホームセンターでは園芸コーナーに置かれています。結束線も愛用アイテムの一つです。短く切ってU字に曲げて鉢底ネットの固定に使います。

painting

15 ワイヤーの上から数か所モルタルを塗って埋もれさせ、皿の中にもモルタルを塗る。縁にモルタルを足して葉の形を作っていく。**16** 歯石取りでコナラの木の葉を作り、葉脈の細い筋を作る。

シーラーを塗って乾燥させてから、水で薄めた黒を全体に塗る。

ローアンバー、オーカー、白、黒を混ぜて作ったくすんだベージュを、ベタ塗りではなく、全体にかすれ気味に塗る。

白を葉脈の上に塗り、葉が重なっているような立体感をつくる。

できあがり！

水で薄めたトップコートを全体と皿に塗ったらできあがり。

鳥の水浴び用のほか、花をあしらったり、室内でキャンドル立てにしても絵になるでき栄え。山砂の効果で、よりリアルになった。

GARDEN ITEM 03

バードバス

製作の難易度 ★★★

29

GARDEN ITEM
04
トタン屋根の
バードフィーダー

トタン屋根の正体はアルミ缶。
波板は、チューブ絞りで作りました。
ここに餌を置いておけば
きっと鳥がついばむ姿を
愛でられますね。

仕上がり 幅120mm×高さ130mm×奥行き95mm

材料

- スタイロフォーム…幅140mm×高さ80mm×厚さ15mmを1枚
- ワイヤーネット(DAISO)…高さ800mm×幅295mmを1枚

- ギルトセメント レリーフホワイト…½カップ
- 目地材…25cc
- ハイモルエマルジョン：
  モルタル用…2.5cc、下地用…3cc
- 水：モルタル用…25cc、下地用…6cc、
  目地用…7cc、トップコート用…0.25cc
- 結束線…1本 •アルミの空き缶…4～6本
- アーティスティックワイヤー…
  直径1mm×長さ70mmを1本
- 鉢底網…縦40×横70mmを1枚
- ボンドG2002…適量
- シーラー…小さじ1 •トップコート…小さじ½
- 塗料：バーントアンバー、ローアンバー、白、シンクレッド

道具 P7

作り方

foundation

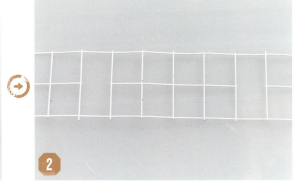

1 ワイヤーネットを、**2** 2列10マスにカットする。ニッパーを使い、ちょっと力を入れて切ること。

3 左右から3マス目の中央のワイヤーを写真**2**のようにニッパーでカット。

4 曲尺（サシガネ）をワイヤーに押しつけて、2マスごと上に立ち上げて五角形を作る。

5 左右の端を上で突き合わせ、ワイヤーでとめつける。これで五角形に。

GARDEN ITEM 04

トタン屋根のバードフィーダー

製作の難易度 ★★

foundation

6 A2個とB2個をボンドで貼り合わせ、箱の形を作る。

7 はみ出たスタイロをカットする。裏返し、底に鉢底ネットをU字に曲げた結束線でとめる。ワイヤーブラシをかけ、水で薄めたハイモルを塗る。**8** **5** に **7** をはめ込み、ワイヤーネットの枠の上からU字に曲げた結束線を刺しとめる。

painting

9 ワイヤーネットの上からスタイロ部分にモルタルを塗り、ペインティングナイフなどでレンガ模様を削る。

10 バーントアンバーとローアンバーを混ぜたこげ茶色、ローアンバーと白を混ぜた茶色、こげ茶色と白を混ぜたモカ色、モカ色に白を混ぜた薄茶色の4色を作る。**11** レンガ模様に4色をランダムに塗る。

roof

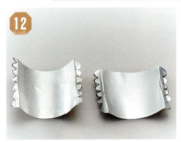

12 アルミ缶から両脇にフリルのような飾りをつけた屋根の土台2個を切り出す。

13 大小さまざまな形に切ったアルミ板をチューブ絞りで、波板状にする。

14 ローアンバーに白を多めに足した薄いモカ色、白にローアンバーを多めに足したこげ茶色、こげ茶色にシンクレッドを足した薄ピンクの3色を作る。

15 **12** の両面と、**13** の大小の波板状のアルミ板に **14** をランダムに塗る。

molding

16 目地材に水を加えて、よく練る。かたさの目安は耳たぶくらい。

assemble

目地材をペインティングナイフで、レンガの目地に埋め込む。

水でぬらしたスポンジで、余分な目地材を拭き取る。

ワイヤーの屋根にアルミの屋根をのせ、細いワイヤーで土台のワイヤーにとめつける。アルミの屋根同士を突き合わせ、細いワイヤーでつなぎ合わせる。

アルミの屋根の上に波板模様の大小のパーツを重ねながら接着剤で貼り、くっつくまで洗濯バサミで挟んでおく。

屋根の上にV字に曲げた波板2枚を左右に貼り、中央に盆栽ワイヤーで作った輪っかをつけて吊り金具にする。

one-point advice

チューブ絞り

よく見かけるのが、歯磨き粉を絞り出すためのチューブ絞りです。ネジ巻き式がおすすめで、器具にアルミ板を挟んでネジを巻くと、簡単に波板状になります。

できあがり！

水で薄めたトップコートを塗ったら、完成！

色を変えて多肉植物の鉢にしてみました

オーカー、バーントシェンナ、バーントアンバー、ローアンバーで着色。多肉を植えて吊り下げれば、空間が緑のオアシスに華麗に大変身。

GARDEN ITEM 04　トタン屋根のバードフィーダー

製作の難易度 ★★

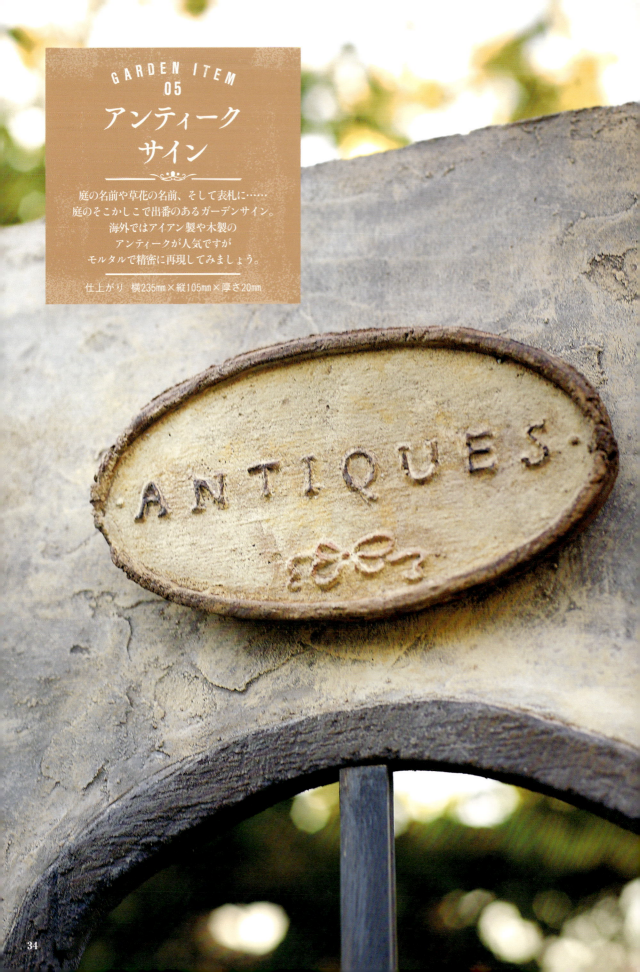

GARDEN ITEM 05
アンティークサイン

庭の名前や草花の名前、そして表札に……
庭のそこかしこで出番のあるガーデンサイン。
海外ではアイアン製や木製の
アンティークが人気ですが
モルタルで精密に再現してみましょう。

仕上がり 横235mm×縦105mm×厚さ20mm

> GARDEN ITEM 05

> アンティークサイン

材料

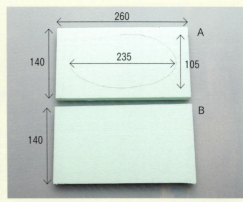

単位はmm

- スタイロフォーム…幅260mm×高さ280mm×厚さ20mmを1枚
- パネルボード…幅120mm×高さ60mm×厚さ5mmを1枚 ● ワイヤー…直径2mm×120mmを1本
- ギルトセメント プロレリーフ…2カップ ● 水：モルタル用…90cc、トップコート用…0.25cc
- 家庭用ワックス…小さじ1 ● シーラー…小さじ1 ● トップコート…小さじ½
- 塗料：ローアンバー、バーントアンバー、オーカー、白

道具 P7 そのほか、電動ルーター、ニッパーなど

作り方

foundation

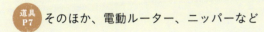

1

スタイロBをプレートの形にカッターでくりぬき、枠を作る。

2

スタイロAに写す文字を印刷して切り出す。

3

図案の文字と装飾に切り込みを入れる。紙はコピー用紙でOK。

one-point advice

エンボス

エンボスとは、金属や紙などに凹凸をつけて、文字や絵柄を浮き彫りにする技法の一つ。ポイントはスタイロにしっかり彫りを入れること。文字は大きさをそろえます。剥がれやすくする室内用ワックス塗りも必須です。

製作の難易度 ★

スタイロAに図案の裏面を表側にして置き、切り込みを入れた部分をボールペンでなぞる。

外周の5mm内側をボールペンでなぞって、プレートの枠を強調する。

図案の上から電動ルーター（細く先端が丸いものでもOK）で深さ2mmぐらいまで彫る。縁も深さ5mm彫る。

しっかり彫れているかチェック。彫りが甘いとエンボスの凹凸がきれいに出ないので注意。

彫った部分と表面全体にワックスを塗る。

上に重ねる1を横半分に切り、内側にワックスを塗る。

ワックスが乾くまで待機。ワックスはスタイロとモルタルの間の膜になり、きれいにはがすために使用する。

エンボスを施したスタイロの上に写真10の下側を重ね、すき間ができないように上下2枚を養生テープなどでとめる。

molding

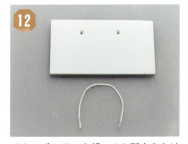

パネルボードの上部に2か所穴をあけ、ワイヤーを通して、裏でねじって、フックを作って差し込み、固定する。

枠にモルタルをすき間なく押し込み（特に縁は外側に押しつけるように）、3/4まで詰めたら12のフックを置く。

フックの頭が少しだけ出るようにして、パネルボードの上からモルタルをかぶせてから、平らにならす。

molding

1日以上おき、モルタルが完全に乾いたら、枠をはずす。

モルタル部分を下にして、スタイロを少しずつ剥がす。

きれいに文字と模様が浮かび上がったら成功。シーラーを塗り、白く塗って乾かす。エンボスについてはP35参照。

painting

18 オーカーにバーントアンバーをほんの少し混ぜて薄いベージュ色を作る。**19** プレートの表面に水をかけながら**18**を塗る。まだらな感じでOK。

20 ローアンバーとバーントアンバーをそれぞれに少しずつ足し、赤系の茶色、チョコレート系の茶色の2色を作る。**21** 縁と側面にランダムに**20**の2色を塗り、さびた感じにする。**22** エンボス（凸部分）にチョコレート系の色を細筆でのせる。

できあがり！

塗料が乾いたら、プレート全体に水をかけて湿らせる。

水で薄めたローアンバーを全体にかけて、くすんだ趣を出す。乾いたら水で薄めたトップコートを塗る。

GARDEN ITEM 06
三つ編み飾りの バスケット

鉢にも小物入れにもなる
楕円形のバスケット。
かご模様はロープで作り
ワイヤーの持ち手で華奢なイメージに。
元100均とは思えない仕上がりでしょ？

仕上がり
横210mm×高さ（持ち手含まず）185mm×奥行き140mm

材料

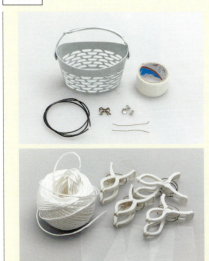

- プラスチックのピンチ入れ（DAISO）
  …奥行き120mm×幅210mm×高さ185mmを1個
- ファイバーテープ…幅50mm×長さ200mmを1本
- 荷造りロープ…太さ50mm×長さ14mを1本
- アンティーク風ボタン（Seria）…3個
- ギルトセメント ホワイトレリーフ…2と¼カップ
- ハイモルエマルジョン…大さじ1
- 水：モルタル用…113cc、トップコート用…0.5cc
- ワイヤー…直径30mm×長さ80mmを1本
- アーティスティックワイヤー…長さ100mmを2本
- シーラー…大さじ1
- トップコート…小さじ1
- ミッチャクロン…適量
- 塗料：シンクレッド、コバルトブルー、白、オーカー、ローアンバー、バーントアンバー、オキサイドレッド

道具 P7

GARDEN ITEM 06

三つ編み飾りのバスケット

作り方

foundation

ピンチ入れの取っ手をはずし、網目にファイバーテープを貼る。底は全面貼ってもいいし、植物を入れるなら中央を少しあけておくといい。

mortaring

2　練ったモルタルを外側と内側に厚さ2mmぐらいで塗る。

3　荷造りロープを2m50cmずつに切って三つ編みを2本作る。1本を縁の下に3周巻きつける。

4　三つ編みを洗濯バサミで挟んで、しっかりと固定する。

5　下にも三つ編みを2周まわし、胴部分にボタン3個を、リズミカルに配し、モルタルに埋め込む。

6　モルタルが乾いたら、三つ編みをそーっとはずす。

7　ワイヤーを二つ折りにしてからひねり、持ち手を作る。

製作の難易度 ★

wire work

簡単にひねるには、ワイヤーの中央を二つに折り、フックなどに引っかけるのがおすすめ。2本を交互に重ねながら一方向にねじること。

ねじったワイヤーを金床とげんのう（カナヅチ）を使って全体が平らになるまで打つ。これが持ち手になる。道具がない場合はたたかなくてもOK。

painting

左からシンクレッド、コバルトブルー、白。**11** この3色を混ぜ、水で薄めたラベンダー色を、シーラーを塗って乾かしたモルタルに塗っていく。

上下を濃く塗り、中央は薄めのラベンダー色を塗って、水に色がついている程度の濃さのローアンバーを全体に重ね塗りする。内側も忘れずに塗る。

白とオーカーを混ぜ、キャラメル色に。キャラメル色にローアンバーを混ぜて濃いめのモカ色を作る。

ミッチャクロンを塗った持ち手に**13**で作った2色をランダムに塗ったあと、オキサイドレッドを塗り、さびた趣を作る。持ち手用の突起にアーティスティックワイヤーでとめつける。

できあがり！

水で薄めたトップコートを塗ってできあがり。

GARDEN ITEM 07
ガーランド

空間を彩るおしゃれアイテム。
万国旗のように色違いにしてもいいし
リボンなどをプラスしても可愛いですよ。
お好みの色使いで、庭に個性をプラス。
壁のアクセントとしてもおすすめです。

仕上がり　長さ430mm×高さ60mm

材料（5個分）

- スタイロフォーム…幅180mm×高さ60mm×厚さ15mmを1枚
- ワイヤー…直径1mm×長さ800mmを1本
- 直径約10mmのウッドビーズ…12個
- ギルトセメント レリーフ…1カップ
- ハイモルエマルジョン：
  モルタル用…小さじ2.5、
  下地用…小さじ1、トップコート用…10cc
- 水：モルタル用…50cc、下地用…大さじ1、
  トップコート用…1cc
- シーラー…小さじ2.5
- トップコート…10cc
- 凹凸のあるレース…適量　●串
- 塗料：コバルトブルー、黒、白

道具P7

作り方

mortaring

1. 一辺60mmの正三角形の上端から5mm下に串を貫通。ワイヤーブラシをかけ、水で薄めたハイモルを塗る。

2. 1の全体に練ったモルタルを2mmぐらいの厚さで塗る。表になる側は、ほってりとした感じに塗ること。

3. 串をはずし、水で湿らせたレースで全体を包み、力を入れて握り、レースの模様をくっきりとつける。

4. レースをはずし、乾燥後、シーラーを塗る。全体を白く塗り、水を吹きかける。

できあがり！

painting

5. 左からコバルトブルー、黒、白。3色を混ぜてブルーグレーを作る。
6. 筆で5をモルタル全体に塗る。

7. 乾燥したら水で薄めたトップコートを塗る。5個作る。

8. 間にウッドビーズを2個ずつ挟みながらワイヤーでつないで、完成。

製作の難易度　★

GARDEN ITEM 08
ウッドバケツ

肥料や土をストックしたり
鉢にしたりと重宝するウッドバケツ。
本物の飼い葉桶に見えるように
何枚もの板を束ねた風に作りました。
寄せ植えの鉢カバーとしてもいかが？

仕上がり 直径270mm×高さ150mm

GARDEN ITEM 08

材料

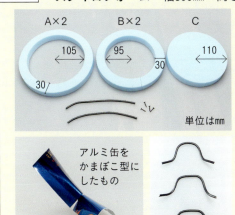

- スタイロフォーム…幅300mm×高さ1500mm×厚さ30mmを1枚
- ギルトセメント レリーフ…6カップ
- ハイモルエマルジョン：
  モルタル用…大さじ2、下地用…大さじ1
- 水：モルタル用…300ccと大さじ2、
  下地用…大さじ2、トップコート用…大さじ1
- シーラー…大さじ2　・トップコート…1.5cc
- 盆栽用アルミワイヤー…直径6mm×長さ230mmを2本
- ビス…20mmを8個　・アルミ缶…1本
- ボンドG2002…適量　・ミッチャクロン…適量
- 塗料：白、ローアンバー、黒、バーントシェンナ

道具 P7 金床やゲンノウ、ドライバー、アルミ缶、クリアファイルがあると便利

作り方

foundation

1 サイズ違いの時は、大きいほうに小さいほうのガイドラインを書き、はみ出ないようにボンドをつける。

2 下からCBBAAの順に重ねてボンドで貼り合わせ、尻すぼみの形にする。

3 ボンドが乾いたら、ひっくり返して中央にドライバーを刺し、水抜き用の穴をあける。

mortaring

4 ゆるやかにくびれるようBとCのスタイロをカットしてワイヤーブラシを全体にかけ、水で薄めたハイモルを塗る。

5 全体にモルタルを塗る。AとBのつなぎ目に細長くモルタルをつけ、幅10mmのアルミ缶のかまぼこ型でなぞる。

6 5の作業で、たが（竹を割り、編んで輪にしたもの）のような形になっていることを確認。次に、幅30mmにカットしたクリアファイルをガイドにして、縦に溝を彫る。これで板を束ねたように見える。

※今回、ガイド役としてアルミ缶（ビール缶）やクリアファイルを使用していますが、使いやすく望んだ形に作りやすいものなら何でもOK。私は使用するたびに気軽に処分できるアルミ缶を重宝しています。

7 縁の下にクリアファイルのガイドを添え、20mmの間隔で2本線を入れる。これで束ねられた板の状態が表現される。

ウッドバケツ

製作の難易度　★★

painting

白とローアンバーでグレーを、黒とバーントシェンナで赤黒色を作る。

シーラーを塗ってから乾かしたモルタル全体に、グレーを塗る。縦の筋（溝）と周囲に黒に近いグレーを塗る。**8** を水で薄め、黒茶色をたがと横に入れた溝に塗る。

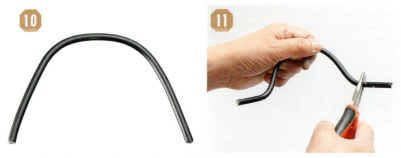

10 ワイヤーを両手でコの字形に曲げる。**11** 端から30mmぐらいのところをペンチで外側に曲げ、先端を上に向けて曲げる。これが持ち手になる。

wire work

金床とゲンノウでワイヤーの先端から20mmぐらいまでを平らになるまでたたく。なければカナヅチでもOK。

平らになったワイヤーの2か所に電動ドリルで穴をあける。反対側も同様に。同じものを2本作る。

painting

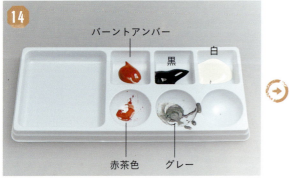

14 黒と白を混ぜたグレーと、グレーにバーントアンバーを少し足した赤茶色の2色を作る。**15** ワイヤーにミッチャクロンを塗って乾いたら、全体にグレーを塗り、上から赤茶色を足し、さびた感じを出す。

GARDEN ITEM 08

ウッドバケツ

丸みを帯びた可愛いフォルムのバケツ。ただし、「強度がないので、持ち上げるときは持ち手を使わず本体を持ってください」。

detail work

できあがり！

16 上から2本目のラインに持ち手をネジでとめつける。反対側も同様に。

17 水で薄めたトップコートを塗って完成。

製作の難易度 ★★

45

GARDEN ITEM 09
板壁

隣家からの目線や見せたくないものの目隠し
背景づくりに定番の板壁。
モルタルだから朽ちにくく、アンティーク感が
醸し出されて、イギリス・コッツウォルズの
庭に誘い出されてしまったよう!?

仕上がり　横1820mm×縦910mm×厚さ18mm

材料

- スタイロフォーム
　…幅910mm×高さ1820mm×厚さ15mmを1枚
- アルミ複合板
　…幅910mm×高さ1820mm×厚さ3mmを1枚
- ギルトセメント レリーフ…33カップ
- ハイモルエマルジョン：
　モルタル用…60cc、下地用…50cc
- 水：モルタル用…1500cc、下地用…100cc、
　トップコート用…5cc
- シーラー…150cc
- 補強用木材…幅45mm×高さ1800mm×厚さ14mmの
　杉材を2本、幅45mm×高さ820mm×厚さ14mmの
　杉材を5本
- 棚板…幅140mm×高さ800mm×厚さ16mmを2枚
- 棚受け金具…4個、木ネジ長さ20mm…16本
- コーススレッドネジ長さ25mm…30本
- トップコート…50cc
- G2002ボンド…適量
- 塗料：白、黒、オーカー、ローアンバー

道具 P7

作り方

foundation

1 アルミ複合板をひっくり返す。写真のように、補強用木材を四方を囲むように木ねじで固定し、補強する。※このあと、念のため、横に3本補強材を足しました。

1 1の表側にボンドを塗る。くし形のハケを使うのがおすすめ。ボンドは少量ずつ使い、容器のふたは閉めておく。

3 スタイロ全面にボンドを塗る。この時もくし形のハケが便利。塗り残しがあっても気にしないで。

4 ボンドが手につかなくなってきたら、2と3を貼り合わせる。大きいので助っ人を呼ぶと安心。

mortaring

5 スタイロ全面（天地、側面も含め）にワイヤーブラシをかけ、こまかな凹凸を作って下地のハイモルのつきをよくする。**6** 水で薄めたハイモルを平バケでスタイロ全面に塗って、乾かす。**7** モルタルを2度塗りする。2回目は1回目が完全に乾く前に塗ること。厚さの目安は1回目、2回目ともに2mm。

表面が乾いてきたら、ガイド代わりの1×4材を置いて、ペインティングナイフで線をつけていく。

ワイヤーブラシを左から右にかけ、細かい木目を作る。

8でつけた線（筋）を太めの釘でなぞることで、板のつなぎ目の模様をくっきりと出せる。

painting

木目を作ったときに出た削りカスを払う。全面にシーラーを塗る。

シーラーが乾いたら、全面に水で薄めた白の塗料を塗る。

オーカーを水で薄めてキャラメル色を作る。

霧吹きで水をかけながら**13**の薄いキャラメル色を全体に塗る。水が塗料をのばし、全体に色を行き渡りやすくする。

オーカーにローアンバーを足し、**14**の要領でところどころに塗っていく。

全体のバランスを見ながら、**15**の色をのせる場所を見極めつつ足していく。

17水で薄めた黒を筆で太い筋に入れ、板のつなぎ目を強調する。**18**水で薄めたトップコートをハケで塗る。

one-point advice

板に見せるポイント

節の模様、板目が少しカーブしているなどの表情をつけると、より板の雰囲気に近づきます。また、つなぎ目を太くして濃い色を入れることで板感が強調されますよ。

assemble

19
棚板をつけて完成。上段は下から1200mmの右端に。下段は下から800mmの左端に棚受けを使い、ネジでとめた。

Aこれが板ではなくモルタルの壁と信じられますか？ 撮影中も歓声が止まらなかったクオリティ。**B**裏に補強の板を入れているので、棚や雑貨のネジどめもOK。アルミ複合板を貼り合わせたことで、折れることもなし。**C**本物の木を使わない利点は、地面にじか置きできること。「モルタルなので、朽ちる心配がないんです」

GARDEN ITEM 09

板壁

製作の難易度 ★☆

GARDEN ITEM 10
ヴォレー窓付きの壁

P22枕木の応用

庭に窓。一見、調和しなさそうですが窓があるだけで、奥行き感が生まれるのです。棚を設けているので、小さな鉢や雑貨も飾ってください。
壁と窓。庭の大切な盛り上げ役ですよ。

仕上がり　横910mm×縦1820mm×厚さ18mm

材料

- スタイロフォーム
  …幅910mm×高さ1820mm×厚さ15mmを1枚
- アルミ複合板
  …幅910mm×高さ1820mm×厚さ3mmを1枚
- ギルトセメント レリーフ…33カップ
- ハイモルエマルジョン：
  モルタル用…165cc、下地用…50cc
- 水：モルタル用…8と¼カップ、
  下地用…100cc、トップコート用…6cc
- シーラー…150cc　・トップコート…60cc
- 棚板…幅140mm×高さ800mm×厚さ16mmを1枚
- 格子用木材…幅18mm×厚さ10mmの木材、
  長さ170mm、155mm、120mmを各1本
- 補強用木材…幅45mm×高さ1820mm×厚さ14mmを
  2本、幅45mm×高さ820mm×厚さ14mmを6本、
  幅30mm×高さ960mm×厚さ12mmを2本
- 棚受け金具…2個　・ボンドG2002…適量
- 木ネジ…適量
- 塗料：白、コバルトブルー、黒、ローアンバー、
  バーントアンバー、オーカー

道具P7　そのほか、**アクリルカッター、クリアファイル、パウンドケーキ型**（180mm×86mm）

作り方

foundation

1　スタイロとアルミ複合板それぞれに窓をくりぬく。アルミ複合板はアクリルカッターで切る。アルミ複合板に支えの木材を木ネジでとめつける。

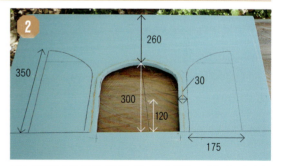

2　アルミ複合板とスタイロをボンドで接着。スタイロを上にして全体にワイヤーブラシをかけ、水で薄めたハイモルを塗る。

mortaring

3　モルタルを全体に約2mmの厚さに塗り、新たに窓の縁に高さ5mm×幅25mmぐらいのモルタルを盛りつけU字に縁どる。

4　ヴォレーの形の型紙（クリアファイル）を置いて縁をなぞり、形を写す。

5　ヴォレーの形の上に7mmぐらいの厚さでモルタルを盛りつけ、平らにならす。

製作の難易度　★★

painting

6 ヴォレーの25mm内側1周に線をつけて枠を作り、羽根板になる横線を25mm間隔で、ナイノなどを使って筋をつける。枠にワイヤーブラシで木目をつける。

7 羽根板の下側だけ垂直に彫り、上の筋と結び、坂のような傾斜をつけてモルタルを削る。

8 スタイロの右下に水で薄めたハイモルを塗り、モルタルを写真のように塗る。パウンドケーキ型を押しつけて、レンガの模様を作る。

9 シーラーを塗り、白く塗装。残りのスタイロにも水で薄めたハイモルとモルタルを塗る。レンガ部には、縁にかかるように薄くのばしてモルタルを塗る。

10 ヴォレー窓の羽根板にも、シーラーを塗り、白くペイント。はみ出てもOK。

11 白、ローアンバー、バーントシェンナ、黒を使いスポンジで、レンガ模様に。P10の「アンティークレンガ」参照。

12 目地にグレーを入れ、レンガ模様と壁の縁にバーントアンバー、ローアンバー、バーントシェンナを混ぜた濃いモカ色を水で薄め、筆でのせていく。13 縁をスポンジでたたきながらモカ色をぼかす。14 ぼかしの陰影で、漆喰が剥がれた感じになった。

molding

できあがり！

15 ヴォレーと窓枠に白、コバルトブルー、黒、ローアンバーで作った濃くくすんだグレーを塗る。羽根板の下＝深く削った部分に水で薄めた黒を差して陰影を。次に、窓に格子を入れる。

16 窓とヴォレーの間にヒンジ（蝶番）金具（長さ50mm）をモルタルでかまぼこ型に造形し、黒く塗る。

17 水で薄めたトップコートを塗り、窓の下に棚板をつけたら完成。

GARDEN ITEM 10

ヴォレー窓付きの壁

庭に窓を作ると奥行き感が生まれます

P34掲載 アンティークサイン

P18掲載 小さな葉っぱのおうち

P41掲載 ガーランド

漆喰のような壁色に濃いグレーのヴォレーが相まって、フランスの風薫る壁に。左下にチラリと見えるレンガはP54掲載の立水栓。

製作の難易度 ★★★

壁の部分は、白を塗った上から、軽く混ぜたオーカーとローアンバーを、霧吹きで水をかけながらまだらに塗った。

棚受け金具も壁色に合わせてペイントすれば、全体に統一感が生まれ、よりリアルな壁になる。

> GARDEN ITEM
> 11
> # 立水栓
>
> 水は出ませんが、背景づくりにぴったり。
> 「板壁」と「ヴォレー」の応用で作れます。
> 少し重たいのでしっかり固定してくださいね。
>
> 仕上がり　横400mm×縦750mm×厚さ18mm

材料

- スタイロフォーム
  …幅400mm×高さ750mm×厚さ15mmを1枚
- アルミ複合板
  …幅400mm×高さ750mm×厚さ3mmを1枚
- ギルトセメント レリーフ
  …3カップ
- ハイモルエマルジョン：
  モルタル用…小さじ3、
  下地用…大さじ2
- 水：モルタル用…150cc、
  下地用…大さじ4、
  トップコート用…1.5cc
- ボンドG2002…適量
- 接着剤…適量
- シーラー…大さじ2
- トップコート…大さじ1
- 蛇口（雑貨として販売）
- 塗料：ローアンバー、黒、バーントシェンナ、オーカー

道具P7

| 作り方 |

 1

 2　mortaring

 3　molding

 4　できあがり！

スタイロとアルミ複合板をボンドで貼り合わせる。**1** モルタルを厚さ2mmで塗る。モルタル造形までの手順はP48掲載「板壁」**1**〜**5**を参照。レンガ模様を作るため、モルタルを新たに5mm盛る。幅80mmで造形する。**2** レンガと壁の着色はP50「ヴォレー」**8**〜**14**を参照。水で薄めたトップコートを塗り、雑貨の蛇口を接着剤でつける。**3** 裏側に飛び出ているネジ頭をテープで隠す。**4** 重たいので、設置したら固定が必要。

54

クレッセント鉢

本の表紙に三日月形の空洞があり多肉植物を植え込むことができます。寄せ植えが美しく映えますよ。

P18掲載「小さな葉っぱのおうち」の応用。人感センサーライトを仕込むことで、夜の足元も安心。コンセントいらずでどこにでも置けます。屋外に飾れば幻想的！　製作の難易度★★★

リボンや側面のあしらいはエンボス仕様（P34参照）。サイズは横110mm×縦130mm×厚さ35mm。植え込み用に三日月形に穴をあけたのがポイントです。室内で飾っても素敵。製作の難易度★

立水栓

センサーライト付きハウス

モルタル造形は飾って楽しいもの？いいえ、それだけではありません。センサー付きなら実用性も魅力です。

GARDEN ITEM 11

製作の難易度 ★

55

GARDEN ITEM 12
タイルトレイ

水と熱に強いタイルを使うから
熱いやかんが置けるのもいいところ
100円雑貨のプラスチックのまな板が
こんなに簡単におしゃれに変身できるのも
モルタルのすごいところですよね！

仕上がり　横370mm×縦225mm×厚さ20mm

材料

- プラスチックのまな板(DAISO)
  …幅225mm×高さ370mm×厚さ8mmを1枚
- パネルボード(DAISO)
  …幅300mm×高さ450mm×厚さ5mmを2枚
- タイル…27mm角を50枚分
- 飾り…薄く25mm角に入るものを4個
- ギルトセメント レリーフ
  …1カップ
- 目地セメント…グレー250g
- ハイモルエマルジョン：
  モルタル用、下地用…各小さじ1
- 水：モルタル用…50cc、
  下地用…小さじ1、
  目地セメント用…65cc
  トップコート用…0.5cc
- シーラー…大さじ1
- トップコート…小さじ1
- ボンドG2002…適量
- 塗料：コバルトブルー、黒、
  白、ローアンバー

道具 P7

foundation

① まな板のサイズに合わせて、パネルボードに外周と持ち手の印をつける。同じものをもう1枚作る。

GARDEN ITEM 12

タイルトレイ

製作の難易度 ★

2

2枚のパネルボードの下端から10mm、左右から10mm内側で、縦280mm×横200mmの長方形をくりぬく。持ち手部分もきっちりとくりぬくこと。

3

まな板の上にパネルボード2枚を重ねて、ボンドで貼り合わせる。しっかりと固まるまで待機。

mortaring

4

ワイヤーブラシをかけ、水で薄めたハイモルを塗り、乾いたらモルタルを3mmぐらいの厚さに塗る。内側の側面、持ち手の内側も忘れずに塗って。

5

半乾きになったら、ワイヤーブラシで木目を作る。上は横に筋をつけ、両側は縦に。下は横に。側面も忘れずに筋をつける。

one-point advice

タイル

タイル同士が裏でネットでつながっているか、薄紙でつながっているタイルシートを使うと、接着が楽にできます。置き場所を調整するため、瞬間接着剤は避けて。

フックに下げて花をあしらえば、タイルの色柄がよく見えるバックステージ風に。「室内で飾っても楽しめますね」

painting

⑥ 白とローアンバーと黒を混ぜて薄めのグレーに。そこにコバルトブルーを混ぜてブルーグレーを作り、水で薄める。

⑦ 薄めのグレーを塗ってから、ブルーグレーを塗る。ところどころに白色をかすれさせるように塗る。

tile

⑧ タイルを4個剥がす。お好みのところを剥がせばOK。ここは省略してタイルを全部使用しても問題なし。

⑨ まな板全体にボンドをつけて、端まできれいにのばす。

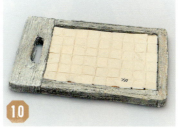

⑩ タイルについている薄紙を上にしてタイルシートをまな板に張る。

⑪ 接着できたら、薄紙にまんべんなく霧吹きで水をかけてぬらす。

⑫

⑭ 水で練った目地材を目地に埋め込むように押し込んでのばす。端は特に圧をかけて埋め込む。

⑬

⑫端から薄紙をゆっくり剥がしていく。瞬間接着剤を使用していなければ、ズレるたびに調整が可能。タイルトレイはこの瞬間がいちばんの山場！ ⑬薄紙をはずせたら、あと一息。

⑮ 目地材が乾かないうちに水でぬらしたスポンジで余分な目地材を拭き取る。

できあがり！

⑯ 水で薄めたトップコートを全体に塗る。タイルをはずした場所に飾りを入れる。

GARDEN ITEM 12 タイルトレイ

製作の難易度 ★

59

GARDEN ITEM 13
コロボックルの ソーラーハウス

日中に電気をためるソーラーライトで
夜、ほんわか照らす可愛いおうち。
まるで小さな人々がここで
暮らしているように見えるでしょ？
複数個並べるとさらに可愛い！

仕上がり　横130㎜×高さ160㎜×奥行き120㎜

材料

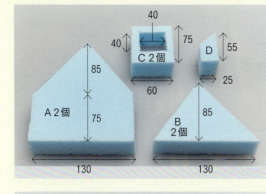

- **スタイロフォーム**
  …幅520mm×高さ200mm×厚さ30mmを1枚
- **ギルトセメント プロレリーフ**…3カップ
- **ハイモルエマルジョン**：下地用…大さじ1
- **水**：モルタル用…150cc、下地用…大さじ2、
  トップコート用…0.5cc
- **ガラス(アクリル)**…25mm四方×厚さ3mmを
  1枚、40mm四方×厚さ3mmを2枚
- **結束線**…2本
- **波釘**…1本
- **電球形ソーラーライトミニ**…1個
- **パネルボード**…幅80mm×高さ65mm×厚さ5mm
  を1枚
- **板**…縦50mm×横30mm×厚さ5mmを1枚
- **シーラー**…大さじ1　・**トップコート**…小さじ1
- **ボンドG2002**…適量　・**強力接着剤**…適量
- **塗料**：オーカー、バーントシェンナ、
  ローアンバー、白

道具 P7

GARDEN ITEM 13

コロボックルのソーラーハウス

作り方

foundation

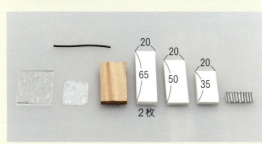

1 スタイロフォームからパーツを切り出す。

2 Aの1枚に小窓（写真右の穴）をくりぬき、玄関部分を深さ5mmほど彫る。

3 Aのドアを彫った側を下にしてB2枚を重ねてボンドで貼り合わせる。

4 C2枚をAの両端にのせて、A・Bと貼り合わせる。

5 もう1枚のAをBとCに貼り合わせ、家の形を作る。

製作の難易度 ★★☆

61

6 煙突Dの中央に小さな穴を開け、屋根にボンドで貼る。

7 Cの窓に縦40mm×横40mm×厚さ3mmのガラスをはめ込み、強力接着剤で貼る。玄関の下にパネルボードを4枚貼り合わせて階段を作る。

8

9 スタイロにワイヤーブラシをかけ、水で薄めたハイモルを塗る。

mortaring

10 ハイモルが乾いたら練ったモルタルを壁は2mm、屋根は5mmの厚さで塗り、波釘を玄関の上に差し込む。デザインナイフで屋根やその周辺を造形する。屋根は最初に横に筋をつけ、それから縦に筋をつけて瓦を作る。煙突にもレンガ模様を作る。

painting

11 オーカーにバーントシェンナを少し足して柿色に。オーカーにバーントシェンナを多めに足して薄い黄土色に。オーカーにローアンバーを足してモカ色に。計3色を作る。

12 モルタルにシーラーを塗り、白く塗っておいた屋根に11で作った3色を丸筆でランダムに置いていく。

one-point advice

屋根瓦の塗り方

同系色を3色作り、ベタ塗りは禁物。筆でチョンチョンと置くように、3色をランダムに色をのせていく流れを繰り返します。

13 オーカーにローアンバーを少し混ぜ、水で薄めて薄いキャラメル色を作る。**14** 13の色を平バケで家の壁面全体に塗り、角に濃いめの黄土色11をかすれ気味に塗る。ハケの向きのニュアンスなどで、古びた漆喰壁になる。

14

wirework

 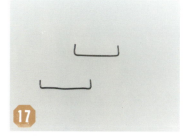

15 結束線を1本、バルサ材のようなやわらかい縦3mm×横3mm×長さ190mm（分量外）を用意。**16** 結束線を15mmに切った角材に差し込み、5mm上をペンチで切る。片側も同じように作る。長さ15mmを2個、20mmを2個、25mmを1個、作る。

結束線をコの字形に曲げて窓につける格子を作る。幅25mmを1組、幅40mmを2組、同じように作る。

> ここで完成にしても素敵ですね

18 16で作った手すりのパーツを、左から20mm、15mmを2個、20mm、25mmの順番に階段に差し込む。残った角材を上からかぶせて、結束線も差し込んで、手すりにする。板を赤茶色に塗り、玄関にドアとしてはめ込む。3つの窓に17のパーツを十字に差し込んで格子を作り、白くペイント。全体に水で薄めたトップコートを塗る。

assemble

ソーラー電球の下を取り外す。

> できあがり！

家をひっくり返し、底からソーラー部分をはめ込む。さらにLEDライトを入れてできあがり。

特別 Lesson

モルタルと多肉植物は「両思い」
お互いの魅力を引き立てるために寄せ植えの基本を覚えてください

**講師
中村アリサさん**

日本多肉クラフト協会講師。多肉寄せ植え教室などで多肉植物の魅力を発信中。2023年に「atelier tiara」をオープン。埼玉県在住。
インスタグラム
@arisa_natural_garden

多肉植物

a　エケベリアジャシリー
エケベリアの仲間ながら、小ぶりで上から見るとバラのような草姿が人気。

b　エケベリア
花びらのように放射状に肉厚な葉が広がる。葉の先端がピンクに色づくことが多い。

c　パキフィルム
丸みを帯びたツブツブ状の葉が特徴。紅葉時には先端が薄くピンク色になり、背も高くなる。

d　パープルヘイズ
紫色の小さなツブツブ状の葉が横に広がるように成長する。耐寒性にも優れている。

e　白雪ミセバヤ
少し青みがかった銀葉色で、薄く小さな葉が密集して形成されている。

使用したもの

直径8cm×深さ10cmの鉢

多肉植物用培養土、オルトランDX粒剤

その他　ボウル、鉢底ネット、眉毛カット用バサミ、スプーン、ピンセット、カメラ用ブロアー、霧吹きなど

所要時間:30分　費用の目安:2500円　初級編

1 鉢底に水抜き穴より大きい鉢底ネットを敷く。

2 培養土250gにオルトランDXを小さじ½入れて混ぜる。多肉が鉢の縁と高さがそろうまで土を入れる。

3 植木鉢の正面を決め、大きめの多肉の配置から決めていく。今回は、ジャシリーをやや左の斜め後ろ側に配置。

4 鉢の縁まで土を追加。霧吹きで水を吹きかけ、ピンセットの腹の部分で押さえつけ、ジャシリーを安定させる。

5 さらに土を足してから、エケベリアを右手前に配置。2つの多肉が正面から見て対角線状に並ぶようにする。

6 白雪ミセバヤをピンセットでつまんで土からはずし、右側の土が見えているところに植えていく。

7 パープルヘイズを6と同じようにピンセットでつまみ、左側の土が見えているところに植える。

8 バキフィルムを眉毛バサミで茎が長い状態でカットし(先端が反っているので、他の多肉を傷つけにくい)、**9** エケベリアの右斜め後ろに差し、高低差を作る。

10 鉢の縁から土を入れ、霧吹きで水をかけてピンセットの腹で押さえる。

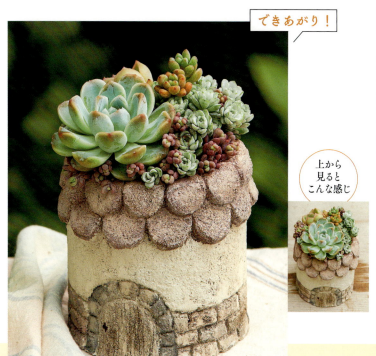

11 多肉植物についた土、葉についた水滴(腐る原因)をブロワーで吹き飛ばす。

できあがり！

上から見るとこんな感じ

寄せ植えの基本

65

Lesson 03

可愛いモルタルデコで
庭を絵本の世界に

FAIRY GARDEN ITEM

庭を妖精が訪れそうなファンタジーな世界にしたいなら
モルタル造形がぴったりです！
日々のストレスを、植物と可愛い雑貨で癒やしてください。
モルタル造形でつくる庭にはそんな不思議なパワーがあります。
ここで紹介するのは、私の仲間であるマイスターさんの作品です。
可愛い作品の数々、見ているだけで笑顔になりますね。

モルタル造形の約束事

安全に、そして自由にモルタル造形を楽しむために
こちらのルールを覚えてください。

マスクと手袋

モルタルの材料であるギルトセメントは、粒子がとても細かく粉塵が舞いがちです。必ずマスクを着用してください。さらにモルタルに直接触ってしまうのもダメ。強アルカリ性のため、肌が弱い人は手が荒れることも。ビニール手袋をつけてください。使い捨てがおすすめです。

作業中の換気

下地用シーラー、トップコート、そして金属などに使用するミッチャクロンには、独特のにおいがあります。しっかり換気をするか、いっそ屋外で作業してください。ただし、雨に降られると台なしです。ひさしの下など、絶対にぬれない場所を見つけて作業しましょう。

モルタルが残ったら

モルタルのいちばんの欠点と言っていいかもしれませんが、一般ゴミで捨てるのはNG。排水口に流すなんてもってのほか！排水管の中で固まって詰まりの原因になりますよ。モルタルは使用する分量（2カップ＝600gが目安）を少しずつ作るのが基本ですが、それでも余ってしまった場合は、固まってから庭に埋めるなどしてください。どうしても破棄をしたい場合は、お住まいの自治体にお問い合わせを。また、作業中にモルタルが触れた道具は、できるだけ早く新聞紙などでしっかりと拭き取り、乾燥させてください。

モルタルの耐荷重

作るものの構造によりますが、厚みのあるスタイロフォームを使うことで、人が座れるほどの強度になります。さらにワイヤーネットやアイアンを内部に入れると、耐荷重をもっと上げることができます。強度が必要な場合、本書ではアルミ複合板も活用。街なかで見かける大きな看板の多くがアルミ複合板です。アルミ板の半分以下の重さなのに、ベニヤ板より頑丈。雨にも強いので、強度が欲しい時に便利です。これらの強化を施していない場合は、踏む・乗るなどの衝撃は避けてください。

Lesson03の材料は、用途別ではなく、アイテム別に記載します。

P22「枕木」の応用

FAIRY GARDEN ITEM 01
3連の枕木

おなじみの枕木が3本、連結されています。
自立しやすいので背景としても映え
ガーデンサインをかけても素敵。
連結金具までも作るこだわりにも
注目してくださいね。

仕上がり　横300mm×縦460mm×厚さ100mm

製作
merciさん（埼玉県）
Instagram@yukari4712

材料

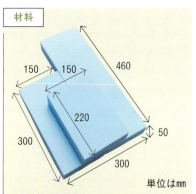

単位はmm

- スタイロフォーム
  …幅450mm×高さ460mm
  ×厚さ50mmを1枚
- ギルトセメント レリーフ
  …8 ½カップ
- ハイモルエマルジョン
  …下地用大さじ2
- 水：モルタル用…350cc、
  下地用…大さじ7、
  トップコート用…2.5cc
- シーラー…大さじ7
- トップコート…小さじ5
- ボンドG2002…適量
- 塗料：ローアンバー、白、黒、
  オーカー、バーントシェンナ、
  バーントアンバー

道具P7

作り方

mortaring

1 大中小3つのスタイロをボンドで接着し、モルタルを塗る。P23を参照。

2 木口（こぐち）にワイヤーブラシで半円の筋をつける。ほかの2本も同様にする。

68

③ 表面に、ワイヤーブラシで縦方向の細かい筋＝節・木目をつける。

④ 背面の2枚が貼り合わさった下部に、板をつないだように見せる連結金具を薄く細長い形に成形。ネジ頭を2個作る。⑤ 前の板と後ろの板に連結金具のL字金具を成形し、ネジ頭も2個作る。

painting

⑥ シーラーを全体に塗る。乾いてから水で薄めたローアンバーを、霧吹きで水をかけながら全体に塗る。

⑦ ローアンバーと黒を混ぜ、⑧ 霧吹きで水をかけながら、太い溝、深い溝に色を入れる。これで木目がくっきりと目立つ。

⑨ 白に少しだけバーントアンバーを混ぜて、濃いめの生成り色を作る。

⑩ ⑨を、平ハケで木口と木端(こば)、表面のところどころに塗る。

⑪ オーカーに黒を少し足して、くすんだ黄土色（コケ色）を作り、水で薄める。

assemble

⑫ 角、木端などに少しだけ⑪を塗り、コケがついたように見せる。コケがあることで、古い木の趣になる。

⑬ 金具を黒で塗り、ネジ頭にバーントシェンナを塗る。布で余分な塗料を拭い、水で薄めたトップコートを塗れば完成。

FAIRY GARDEN ITEM 01 ／ 3連の枕木 ／ 製作の難易度 ★

69

FAIRY GARDEN ITEM 02
ミニミルク缶

のどかな牧場を彷彿させるミルク缶は草花との相性が抜群です。
さびた感じ、あせたロゴのこだわりがアンティークに見せてくれています。
多肉植物にもとてもお似合いですよ。

仕上がり 直径130mm×高さ280mm

製作
merciさん（埼玉県）
Instagram@yukari4712

FAIRY GARDEN ITEM 02 — ミニミルク缶

材料

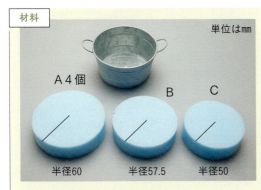

単位はmm
A 4個　B　C
半径60　半径57.5　半径50

- スタイロフォーム…幅360mm×高さ240mm×厚さ30mmを1枚
- ギルトセメント レリーフ…1と½カップ
- アルミのミニたらい…直径125mm×高さ100mmを1個
- ハイモルエマルジョン：モルタル用…小さじ½、下地用…小さじ½
- 水：モルタル用…75cc、下地用…小さじ½、トップコート用…1cc
- シーラー…大さじ½
- トップコート…小さじ2
- ボンドG2002…適量
- 塗料…ローアンバー、バーントアンバー、バーントシェンナ、オーカー、白、黒

道具 P7　目打ち、#240の水性紙ヤスリ、ステンシルの型など

作り方 foundation

1 A4個と、B、Cの中心に半径10mmの円をコンパスで描き、くりぬく。

2 ABCの順に重ね、上に重なる円を油性ペンで下の円になぞる。

3 下からA4個、B、Cの順に重ねて、ボンドで接着する。この時、2でなぞった円の外側にボンドがつかないように注意すること。

4 A、B、Cのつながりをなだらかにするため、カッターで飛び出している部分を削って整える。ミルク缶のなだらかなくびれをイメージして。

5 ミニたらいの底の中心に10か所、穴をあける。目打ちとカナヅチを使うと、あけやすい。

6 いちばん上のCの上にミニたらいを重ねて、ボンドで接着する。スタイロにワイヤーブラシをかけて表面をザラザラにし、水で薄めたハイモルを塗る。

製作の難易度 ★

mortaring

7 底からモルタルを塗っていき、スタイロとミニたらいの接着部分が隠れる位置まで塗り上げる。厚さの目安は2〜3mm。

8 下端に2mmぐらい出っ張るよう、帯のようにモルタルを重ね塗りする。

9 ミニたらいとスタイロのつなぎ目にも、8と同じようにモルタルで出っ張りを作る。このディテールが、本物のミルク缶のように見せてくれる。

10 BとCの間のくびれた部分に、ペインティングナイフで横に溝を彫る。

11 モルタルが乾いたら、#240の紙ヤスリをかけ、表面をなだらかにする。

12 再度、くびれた部分にペインティングナイフで横に溝を彫って、溝を強調する。全体にシーラーを塗り、乾かす。

painting

13・14 ハケでモルタル部にローアンバーを霧吹きで水をかけながら塗る。次に、バーントアンバーを、スポンジでところどころたたいて着色。

15 バーントシェンナとオーカーを14と同じように、数か所に色をのせる。ミニたらいにも同じように塗る。

16 白にローアンバーを少し混ぜ、くすんだ白を作る。**17** 乾いたハケで表面を掃くように、ところどころにかすれさせながら色をつける。これで経年変化したように見せることができる。

18 16の色で、アルファベット（あるいは好みの図柄）をステンシルする。

19 ローアンバーに黒を少し足して乾いた筆に取り、**20** 余分な塗料を布に落とし、**21** ステンシルした文字の端にたたきながらのせ、ローアンバーを同じように重ねる。

できあがり！

22 水で薄めたトップコートを塗って完成。たらいの内側を塗ることも忘れずに。

ミニミルク缶のサビ感と多肉植物が好相性。軽いので持ち運びもラク。

FAIRY GARDEN ITEM 02　ミニミルク缶　製作の難易度 ★

FAIRY GARDEN ITEM 03
森のどんぐりハウス

小さなどんぐりのフォルムの鉢が
吊るされて風にゆらゆら。
まるで、中で暮らす妖精さんが
生活しているように見えます。
じか置きしても可愛いですよ。

仕上がり 直径100mm×高さ120mm

製作
mor&bearさん（茨城県）
Instagram@mor_and_bear

材料

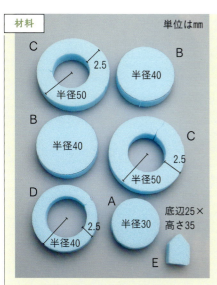

単位はmm

- スタイロフォーム
  …幅200mm×高さ300mm×厚さ20mmを1枚
- アルミワイヤー…直径2mm×長さ400mmを1本
  直径1.5mm×長さ400mmを1本
- ギルトセメント レリーフ…2カップ
- ハイモルエマルジョン：モルタル用…5cc、下塗り用…5cc
- 水：モルタル用…70cc、下塗り用…15cc、トップコート用…2cc
- シーラー…20cc　**トップコート**…20cc　**結束線**…1本
- ボンドG2002…適量
- ミッチャクロン…適量
- 塗料：オーカー、グレー、バーントアンバー、
  ローアンバー、黒、白

道具P7

外灯などのパーツ

作り方 foubdation

1 Dを半分に切り10mmの厚さにする。

2 2枚に切ったDの片方のみを使う。

3 下からA、Bを2個、Cを2個、2のカットしたDを重ねてボンドで貼り合わせる。

4 Dのほうから先がとがった棒（今回は編み棒を使用）を突き刺し、AとB2個に水抜き穴をあける。

5 C2個とDをなだらかな曲線でつなぎ、余分をカット。AとB2個はつぼのように、すぼまった形にカットする。

6 丸いドアの位置と、Eの窓をつける位置のスタイロにカッターで切り込みを入れて、ニッパーでちぎり取る。

7 6の穴に、中心を直径7.5mmくりぬいた窓をボンドで貼る。ワイヤーブラシをかけ、水で薄めたハイモルを塗る。

FAIRY GARDEN ITEM 03

森のどんぐりハウス

製作の難易度 ★★

mortaring

⑧ 玄関を正面にして窓の横から先のとがった棒（編み棒）を差し込み、反対側に貫通させて穴をあける。ここが吊り金具をつける場所になる。

⑨ ワイヤーブラシをかけ、水で薄めたハイモルを塗る。ひっくり返して下半分にモルタルを4～5mmの厚さで塗る。表面が半乾きになったら、歯石取りで丸いドアを造形する。

⑩ ひっくり返す。屋根にモルタルを7～8mmの厚さで塗り、横に筋を10mm間隔で刻む。窓に葉の形の屋根を作る。本体を細長い空き容器に入れて持つと細かな作業がしやすい。

⑪ 1日以上かけて乾燥させ、シーラーを塗ってから白くペイントする。

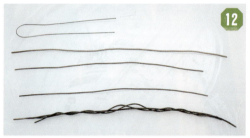

⑫ 上から結束線、ワイヤー3本。まずワイヤー3本を写真の下のようにゆるくねじって束ねる。ミッチャクロンを塗布後、ローアンバーを塗る。吊り手になる。

painting

⑬ 屋根から着色開始。水で薄めたオーカーを点々と塗り、
⑭ 上から水で薄めたバーントアンバーをのせていく。

⑮ ひっくり返して、下半分は水で薄めたオーカーを全体に塗る。

⑯ 全体に水で薄めたローアンバーを重ね塗りして、深みのあるどんぐり色にする。

できあがり！

⑰ 屋根全体に水で薄めたローアンバーを塗り、葉っぱの形の窓の屋根にバーントアンバーを塗る。

⑱ 白を乾いた筆に取り、余分な塗料を取ってから屋根や窓のまわりなどにかすれ気味に塗って、立体感をつける。

⑲ 水で薄めたトップコートを塗り、蝶番などの小さなパーツを好みでつけていく。吊り手を⑧の穴に通して、内側で上に折り曲げて引っかける。これで、完成。

FAIRY GARDEN ITEM 04
おうちの ガーデンピック

ガーデンピックは本来は
植物の名前を示すためのものですが
絵本から飛び出したような
とんがり屋根で作ってみませんか？
植栽のアクセントになりますよ。

仕上がり 高さ（ワイヤー含む）210mm

製作
アトリエ ルール*ブルーさん（東京都）
Instagram@blue_link.s

材料と作り方

1 上から20mmまでを屋根とし、円錐になるように余分なスタイロをカットする。
2 下30mmは円筒形にカットする。
3 ワイヤーブラシをかけ、水で薄めたハイモルを塗って、乾かす。

- スタイロフォーム…40mm四方×厚さ50mmを1枚
- アルミワイヤー…直径1.5mm×長さ180mmを1本
- ギルトセメントのレリーフ…30g
- ハイモルエマルジョン：モルタル用…1cc、下地用…1cc
- 水：モルタル用…5cc、下地用…4cc、トップコート用…ほんの少し
- シーラー…0.5cc
- トップコート…0.3cc
- 塗料：白、ローアンバー、黒

道具 P7

できあがり！

4 全体にモルタルを2mmの厚さで塗る。屋根の縁を少しだけ外側に持ち出す。
5 半乾きになったら、歯石取りで屋根瓦の形、ドア、窓を彫る。
6 シーラーを塗り、乾いたら白一色に塗る。
7 ローアンバーに黒を混ぜたチョコレート色を屋根に塗り、ローアンバーに白を混ぜた生成り色を外壁に塗る。チョコレート色に黒を混ぜてドアを塗る。

8 水で薄めたトップコートを塗り、底に穴をピンバイス（手動ドリル、キリなどでもOK）で開け、ワイヤーを刺したらできあがり。

製作の難易度 ★

FAIRY GARDEN ITEM 05
リースのタブロー

タブロー(tableau)とは、フランス語で
壁画を意味します。
まるで壁に咲いたリースの花を
くりぬいたようなデザインで
大切な人にプレゼントしたくなりますね。

仕上がり 210mm四方×厚さ30mm

製作
Mamain さん（埼玉県）
Instagram@mamain.mortier

作り方

foundation

1 直径135mmの円を描き、内側に好みの三日月を描いてカッターでくりぬく。**2** 裏返し、三日月より大きく切った鉢底ネットを、結束線で作ったUピンで三日月にかぶせてとめる。

mortaring　　painting

3 ワイヤーブラシをかけ、水で薄めたハイモルを塗り、モルタルを2mmの厚さで塗る。**4** ローアンバーに白を少しだけ混ぜ、ほとんど水というくらいに薄めてハケで大まかに塗る。

材料

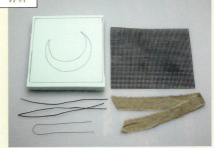

- スタイロフォーム
　…210mm四方×厚さ30mmを1枚
- ギルトセメント ホワイトリーフ
　…1と½カップ
- ハイモルエマルジョン：
　モルタル用…5cc、下地用…5cc
- 水：モルタル用…50cc、下地用…20cc、
　トップコート用…0.5cc
- シーラー…10cc
- トップコート…5cc
- ワイヤー…直径2mm×長さ250mmを3本
- リボン…800mm
- 鉢底ネット…180mm四方を1枚
- 結束線…1本　　●山砂…少々
- 塗料：白、ローアンバー

道具 P7

iron work

ワイヤー3本で三つ編みを作る。　**6** 両端を20mmぐらい曲げ、先の10mmぐらいをさらに折る。**7** ミッチャクロンを塗布後、山砂、ハイモル、ローアンバーを混ぜたものを塗る。

FAIRY GARDEN ITEM 06

リースのタブロー

assemble

できあがり！

8 三日月の端に7のワイヤーの先端を差し込み、きれいな円になるようにワイヤーに丸みをつけて、形を整える。

9 中心にシルクスクリーンで文字を入れる。ステンシル、手書きでも、あるいはスタンプでもOK。三日月の部分に多肉植物を植え込むと、自然ときれいなリースの形になる。

10 水で薄めたトップコートを塗って乾燥させる。ワイヤーにリボンを結びつけたら、できあがり。

製作の難易度 ★

79

FAIRY GARDEN ITEM
06
ハニーポット

ハチミツがあふれたポットを多肉植物の鉢に。
ミツバチのガーデンピックとも好相性。
小物入れとしても重宝するデザインなので
室内でも出番あり。
まるでスイーツのような造形ですね。

仕上がり 直径80mm×高さ80mm

製作
kakoさん（埼玉県）
instagram@kuu.min

材料

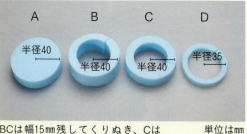

BCは幅15mm残してくりぬき、Cは幅10mm残してくりぬく。厚さ20mm。 単位はmm

- スタイロフォーム…幅160mm×高さ150mm×厚さ20mmを1枚、80mm四方×厚さ30mmを1枚
- ギルトセメント リーフ…170cc
- ハイモルエマルジョン：モルタル用…大さじ1、下地用…小さじ1
- 水：モルタル用…大さじ2～3、下地用…大さじ1、トップコート用…0.5cc
- シーラー…小さじ2
- トップコート…小さじ1
- リボンレース…約300mm
- ひも…適量
- ボンドG2002…適量
- チキンネット…適量
- 塗料：白、オーカー、バーントシェンナ、バーントアンバー、ローアンバー

道具 P7

FAIRY GARDEN ITEM 05
ハニーポット

作り方 foundation mortaring

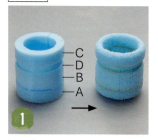

1 切り出したパーツを下からA、B、D、Cの順にボンドで貼り合わせる。Dは厚さ20mmを半分に切って10mmにしたもの。

2 スタイロにワイヤーブラシをかけ、水で薄めたハイモルを塗る。乾燥後、モルタルを2mmの厚さで塗る。胴の3か所にモルタルを盛って楕円形を作る。その中に、蜂の巣に見えるようにチキンネットを押しつけて跡をつけたり、3のようにスタンプを押す。釘などで文字を刻むのもOK。

4 ハチミツがあふれている状態を作る。モルタルに水を多めに入れてゆるめに作り、口に一筆ずつ塗る。自然に垂れるにまかせる。

5 表面が白くなってきたら造形に入る。チキンネットを押したところは、内側のところどころを歯石取りで削り、六角形の形を際立たせる。**6** ボディは、カッターで表面を削り、細かい凹凸をつける。**7** ドリルで底に水抜き穴をあける。**8** シーラーを塗って、白を塗布する。

painting

できあがり！

9 オーカーにローアンバーを少し足しハチミツ色に、オーカーとバーントシェンナ、バーントアンバー、ローアンバーで濃いハチミツ色を、バーントシェンナ、バーントアンバー、ローアンバーでチョコレート色を作る。**10** 口とボディにハチミツ色を塗る。**11** ボディに作った3つの楕円形と口の上部にチョコレート色を塗り、HONEYの文字に濃いチョコレート色を入れる。**12** 水で薄めたトップコートを塗り、レースでおめかし。

製作の難易度 ★★

FAIRY GARDEN ITEM 07
レンガ模様の温湿度計

種まきや植え付けの目安になる二十四節気。
でも、最近は温暖化の影響か
予測を立てにくくなっています。
だからこそ、風景に調和する温湿度計で
こまめにチェックしてくださいね。

仕上がり　縦290mm×横135mm×厚さ23mm

製作
横道結花理さん（埼玉県）
Instagram@minimum_garden

FAIRY GARDEN ITEM 07 — レンガ模様の温湿度計

材料

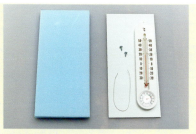

- スタイロフォーム
    …幅135mm×高さ290mm×厚さ20mmを1枚
- アルミ複合板
    …幅135mm×高さ290mm×厚さ3mmを1枚
- 温湿度計（Selia）…1個
- ステンレスワイヤー…直径0.9×長さ200mmを1本
- ビス…長さ12mmを2本
- ギルトセメント レリーフ…1.5カップ
- ハイモルエマルジョン：
    モルタル用…小さじ1、下地用…小さじ2
- 水：モルタル用…50～60cc、
    下地用…小さじ1、シーラー用…小さじ1
    トップコート用…1cc
- シーラー…小さじ2　トップコート…小さじ2
- 目地材…適量　ボンドG2002…適量
- 塗料：ローアンバー、黒、オーカー、
    オキサイドレッド、白

道具 P7

作り方

foundation

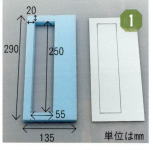

1 スタイロとアルミ複合板に写真のように温湿度計のサイズを写し、スタイロをくりぬく。

2 アルミ複合板とスタイロをボンドで貼り合わせる。

3 裏返し、下から50mm、右から48mmの位置に、7mmほどの穴をあける。上部の上から15mm、左右から40mmの位置にも、小さな穴を2個あけておく。

4 表に返し、右上にレンガの模様を油性ペンで描く。デザイン画を用意して写すときれいに描きやすい。

mortaring

5 ワイヤーブラシをかけたあと、目地部分をカッターでV字に削り落とす。

6 くりぬいた穴に温湿度計をはめ込んで接着する。スタイロにモルタルを厚さ3mmで塗る（P11参照）。温湿度計の上下はアーチにする。

7 湿度計（ふたと文字盤）をはずし、湿度計のセンサーと2であけた穴の位置が一致するか確認し、戻す。

8 シーラーを塗布後、乾燥。白一色に塗る。温湿度計も目盛りが見えるように、水で薄めた白を塗る。

painting

9 塗料を用意。10 全体に水をかけ、ローアンバーを大雑把に塗る。11 ローアンバー、ローアンバーに黒を少し足したこげ茶色、ローアンバーにオキサイドレッドを混ぜた茶色の3色でレンガを塗る。

できあがり！

12 水で溶いた目地材をレンガの目地に入れ、余分な目地材を水でぬらしたスポンジで拭き取る。メモリを手描きし、好みで植物、文字も書き、水で薄めたトップコートを塗る。裏にワイヤーをネジどめして、できあがり。

製作の難易度 ★

83

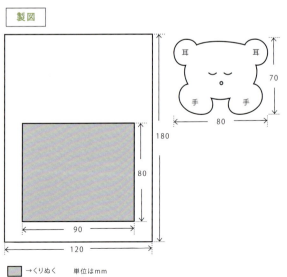

製図

単位はmm　→くりぬく

材料

- スタイロフォーム…幅220mm×高さ180mm× 厚さ50mmを1枚（顔の部分も含む）
- ギルトセメント レリーフ…1カップ
- ハイモルエマルジョン： モルタル用…小さじ1と½、下地用…大さじ1
- 水：モルタル用…大さじ9、下地用…大さじ1、 トップコート用…1.5cc
- シーラー…大さじ1　トップコート…大さじ1
- 鉢底ネット…縦110×横90mmを1枚
- 結束線…1本
- 塗料：ローアンバー、オーカー、ローシェンナ、 コバルトブルー、白

道具 P7

作り方

foundation

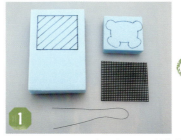 

1 スタイロの斜線部分をくりぬき、2 くまの顔を輪郭に沿って大まかに切る。

3 くりぬいた片側に鉢底ネットを結束線で作ったU字ピンでとめつける。

4 くまの耳と手を、スタイロの厚みの半分までカッターで切り込みを入れる。

5 耳と手の横からカッターを入れ、上部分 4 のスタイロを切り取る。

6 顔と頭全体に丸みを帯びるようにカットする。

7 耳と手にも丸みをつけ、鼻の上を少しくぼませることで、くまの表情を作る。

8 3 のくりぬいた中央、手が少し飛び出るぐらいの位置にくまをボンドで接着する。

FAIRY GARDEN ITEM 08
すやすやくまさん

この愛らしさもモルタルで作れるなんてびっくりですね！
多肉植物の掛け布団で、すやすやと眠るくまさんという造形は
庭に置いた瞬間にメルヘンな世界に！

仕上がり　縦180mm×横120mm×厚さ100mm

製作
ゆりりんさん（東京都）
Instagram@atelier_journee_agreable

FAIRY GARDEN ITEM 08

すやすやくまさん

製作の難易度 ★★

mortaring

9 スタイロにワイヤーブラシをかけ、水で薄めたハイモルを塗り、乾いたらモルタルを2mmの厚さに塗る。

10 シーラーを塗り、乾いたら白を塗布。

11 モルタルを塗る時、くまの顔あたりから下を少し盛り上げ、毛布がかかっているように作る。

painting

12 ローアンバーとオーカーを混ぜて薄い黄土色を作り、水で薄める。

13 着色をする前に、霧吹きで全体に水をまんべんなく吹きつける。

14 シーツ部分に黄土色を塗って、自然ににじませながら色をつける。

15 シーツのところどころに、細筆で黄土色をのせる。

16 右手に色をつけた細筆、左手に水をつけた筆を持つ。本体に色を置いたら、水でにじませる。この工程を繰り返し、自然なグラデーションをつくる。

17

18 コバルトブルー、オーカー、ローアンバー、白を混ぜて黄緑色を作る。18毛布部分に水をかけながら、水で薄めた黄緑色をのせ、にじませて広げる。

19 オーカー、ローアンバーで少し濃いめの黄土色を作る。

20 鼻まわり以外を黄土色を薄く塗る。

21 少し濃いめの黄土色を、16の要領で塗り、毛並みを表現する。

22 少し濃いめの黄土色を影になる部分に塗り、立体感を強調する。

23 水で薄めたローアンバーを耳のくぼみに入れ、ぼかす。

24 目と鼻はローアンバー、口は白とオキサイドレッドを混ぜたピンク色で色をつける。

できあがり！
25 シーツに「ZZZ」を描き、気持ちよく眠っている雰囲気を出す。水で薄めたトップコートを塗れば完成。

Column
インスピレーション

モルタル造形では、枕木やレンガ、板壁のようなガーデン雑貨を本物そっくりに作ることができる醍醐味があります。近所を歩いている時、テーマパークに行った時、美しい景色の写真を見た時に心にとまったものを、本物より軽量に、そしてリーズナブルに作ることができます。いっぽうで、この「すやすやくまさん」のように、絵本のような空想の世界をモルタルで作る面白さも。この場合、ゼロからのデザインになりますし、ディテールはたくさんの作品を見てヒントをもらう必要がありますね。本物そのものにできあがる興奮、想像の産物が具現化する魔法。初心者さんなら、見本のある前者から始めることをおすすめします。

FAIRY GARDEN ITEM 09
トランペットフラワーのおうち

縦長の花びらをくるくるとねじったような愛らしい姿は、まるでトランペットのよう。22cmほどの高さなので色違いでいくつか並べると小さな町になって可愛さが増しますよ。

仕上がり 直径130mm×高さ220mm

製作
長田澄子さん（山梨県）
Instagram@kinakonako_0211

材料

- スタイロフォーム…幅330mm×高さ180mm×厚さ30mmを1枚、100mm四方×厚さ40mmを1枚
- ギルトセメント レリーフ…2カップ
- ハイモルエマルジョン：モルタル用…小さじ1と½、下地用…大さじ2
- 水：モルタル用…1カップ、下地用…大さじ4、トップコート用…0.7cc
- シーラー…大さじ1
- トップコート…1.5cc
- ボンドG2002…適量
- 塗料：オキサイドレッド、白、ローアンバー、オーカー

●外灯などのミニチュアパーツ

道具P7

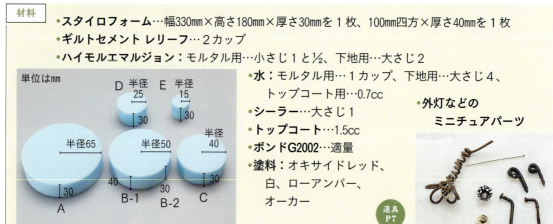

88

作り方 foundation

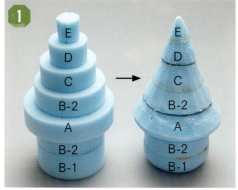

パーツを屋根と胴体に分けて、写真の順番で重ねてボンドで貼る。屋根部分は円錐に、胴は上下直径80mmの樽の形に削り、屋根と合体させる。

mortaring

2 底からモルタルを塗り、屋根の端は半円に作って、全体を5mmの厚さで塗る（モルタルを塗るまでの手順はP11を参照）。丸いドアと窓も作る。**3** てっぺんに5弁のガクを歯石取りで彫る。

4 ガクと屋根のつけ根をカーブをつけてつなぎ、筋をつける。筋をつけたい場所から3つ先を定規でガクと結び、ガイド代わりにすると描きやすい。

5 デザインカッターで筋の部分を垂直に彫り込み、傘をクルクルと丸めたような花びらの重なりを表現する。

6 シーラーを塗り、白くペイントする。

painting

7 オキサイドレッド、白、ローアンバーを混ぜ、ピンク色を作る。

8 花びらの先に塗ってから、水を含んだ筆で筋に沿わせて上に向け、塗り広げる。

9 オーカー、ローアンバーを混ぜてカーキ色を作る。

10 ガクに9のカーキ色を塗る。

11 オーカーを多めにローアンバーと混ぜ、窓枠、ドアにも塗る。

12 水で薄めたオーカーを胴体に塗り、水で薄めたトップコートを塗って完成。

できあがり！

FAIRY GARDEN ITEM 09 — トランペットフラワーのおうち

製作の難易度 ★★

FAIRY GARDEN ITEM 10
100年前のミニブック

多肉植物の寄せ植えによく使われる古い洋書をデザインした鉢。こちらはページがめくられているところまで完璧に再現されています。古書の風合いがとてもリアルですね。

仕上がり 縦100mm×横150mm×厚さ30mm

製作
クラフトミントさん（埼玉県）
Instagram@m_craftsmint

材料

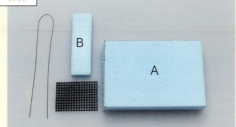

- **スタイロフォーム**
  …A幅150mm×高さ100mm×厚さ30mmを1枚、B幅30mm×高さ100mm×厚さ9mmを1枚
- **ギルトセメント レリーフ**…220cc
- **ハイモルエマルジョン**：
  モルタル用…小さじ1、下地用…小さじ2
- **水**：モルタル用…60cc、下地用…小さじ2、トップコート用…0.5cc
- **シーラー**…大さじ1弱
- **トップコート**…小さじ1
- **鉢底ネット**…縦50mm×横40mmを1枚
- **結束線**…1本　**ボンドG2002**…適量
- **塗料**：白、ローアンバー、オーカー、ディープミッドナイトブルー（アメリカーナ）、デコアート用アスファルタム（アメリカーナ）、シルクスクリーン用メディウム

道具 P7

作り方

foundation

1 Aの中心にBをボンドで貼る。

mortaring

2 ひっくり返し、中心から左右に9mm、ページの左右から5mmのところに線を描き、本を開いた状態のカーブ線も描く。3 中心にカッターで深さ10mmの切り込みを入れる。

one-point advice

凹凸の表現

石や木のデコボコした感じを表現するには、モルタルをアトランダムに厚塗りと薄塗りを施してください。ナイフの向きを変えるだけでも表情が豊かになります。

4 中心から左右に引いた9mmの線から切り込みを入れる。カッターの刃を斜めに入れ、スタイロをV字にそぎ落とす。

5 Bのつけ根からカーブに沿ってスタイロをそぎ落とす。両脇も削る。右ページに縦50mm×横40mmの楕円形を描く。

FAIRY GARDEN ITEM 10

100年前のミニブック

mortaring

楕円形をカッターでくりぬき、表紙側から鉢底ネットを結束線で作ったU字ピンでとめる。

全体にワイヤーブラシをかけてザラザラにし、水で薄めたハイモルを塗る。

表紙と側面にモルタルを塗る。厚さの目安は2mm。

半乾きになったら、表紙にナイロンブラシで細かい凹凸をつける。

側面にワイヤーブラシを横にかけ、細かいページの線を作る。

歯石取りで表紙の厚みと背表紙と表紙の境に筋を作る。

製作の難易度 ★★

91

12 ページ面にモルタルを塗り、ならす。新たに四すみにモルタルをつけ、紙が反り立つ形を作る。
13 12の反り立った場所の側方から3か所に切り込みを入れ、モルタルを持ち上げる。**14** モルタルがへたらないようにナイフで支えながら乾かし、シーラーを塗ってから白を塗布。

painting

ディープミッドナイトブルー
ローアンバー

15 深いブルーを表紙に塗り、**16** シルクスクリーン（ステンシルや書き文字でもOK）で英文字を入れる。

オーカー

17 オーカーにローアンバーを少し足して茶色を作る。
18 側面に筆で塗る。濃淡をつけることで、古書の趣が出る。
19 余分な塗料をキッチンペーパーで吸い取り、古びた紙の質感を作る。

できあがり！

20 左ページにシルクスクリーンなどで英文字を入れる。シルクスクリーン用シートを張り、メディウムとアスファルタムを練ったものをゴムベラで上から下に向かってこすりつけ、文字を写す。**21** 水で薄めたトップコートを塗る。

22 英文字が入ると、ますます洋書の雰囲気になる。ステンシルや手書きで文字を入れてもOK。

FAIRY GARDEN ITEM 11
アンティークドア

寄せ植えや草花の中で映える
ガーデンアクセサリー。
こんな小さなドアなら
向こうにはどんな世界があるのかな？と
想像をかきたてられますね。

仕上がり　縦290mm×横120mm×厚さ15mm

製作
橋爪葉子さん（埼玉県）
Instagram@atelier_ry_yoko

材料

- **スタイロフォーム**
  …幅120mm×高さ290mm×厚さ15mmを1枚
- **ギルトセメント レリーフ**
  …1.5カップ
- **ハイモルエマルジョン**：
  モルタル用…大さじ½、
  下塗り用…小さじ1
- **水**：モルタル用…120〜130cc、
  下塗り用…ハケをぬらす程度、
  トップコート用…1.5cc
- **シーラー**…大さじ2
- **トップコート**…大さじ1
- **ガラス**…幅80mm×高さ50mm×厚さ3mmを1枚
- **直径80mm×高さ40mmの半円のワイヤー飾り**
- **目地剤・水**…各少々
- **強力接着剤**…適量
- **塗料**：白、オーカー、ローアンバー

道具 P7

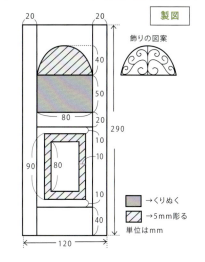

製図

飾りの図案

→くりぬく
→5mm彫る

単位はmm

製作の難易度　★

作り方 foundation

1 斜線部分の窓をくりぬき、半円と窓下の長方形の周囲を5mmぐらい彫る。

2 窓下の長方形と彫った部分にモルタルをつける。厚さの目安は1mm。手順はP11を参照。

3 モルタルを厚さ3mmで塗り、ペインティングナイフで筋をつける。左右と裾にワイヤーブラシで木目を入れる。

4 シーラーを塗り、白く塗装。水で薄めたオーカーとローアンバーを塗り、木目を際立たせて古びた趣を出す。

5 窓にガラス（アクリルガラスでも可）をはめ込み、強力接着剤で固定する。次に、水で溶いた目地剤をガラスの周囲につける。

6 エイジング塗装した半円のワイヤー飾り、ドアノブなどのパーツを接着する。

できあがり！

7 水で薄めたローアンバーをところどころにかすれ気味に塗る。仕上げに水で薄めたトップコートを塗って完成。

このアンティークドアの応用作品がこちら。壁3枚と床の4つのパーツの組み立て式になっていて、立体感がいっそう増している。

FAIRY GARDEN ITEM 11 アンティークドア

製作の難易度 ★

製作
高橋活江さん（埼玉県）
instagram@atelier_rukafield

FAIRY GARDEN ITEM
12
アンティークの
アイアンフレーム

アイアン細工に見えますか？
もしそうなら、大成功です。
ワイヤーワークで教会の窓のような
厳かな雰囲気をつくりました。
室内でも使ってほしいアイテムです。

仕上がり　横110mm×高さ200mm×厚さ20mm

FAIRY GARDEN ITEM 14

アンティークのアイアンフレーム

製作の難易度
★

材料

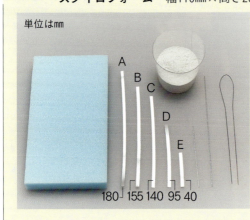

単位はmm

A 180 / B 155 / C 140 / D 95 / E 40

- **スタイロフォーム**…幅110mm×高さ200mm×厚さ20mmを1枚
- **ギルトセメント ホワイト**…½カップ
- **ハイモルエマルジョン**：モルタル用…小さじ1、下地用…大さじ½
- **水**：モルタル用25cc、下地用…大さじ1〜1.5、トップコート用…0.5cc
- **シーラー**…大さじ1　・**トップコート**…小さじ1
- **ミッチャクロン**…適量
- **アルミ平ワイヤー**…幅5mm×長さ1220mmを1本
- **ステンレスワイヤー**…#18×長さ260mmを1本
- **結束線**…1本　・**強力接着剤**…適量
- **塗料**：ローアンバー、オーカー、黒、オキサイドレッド、セラムコートのナイトフォールブルー

道具 P7

作り方

mortaring

1 切り出したスタイロに、厚さ2mmでモルタルを塗る。手順はP11を参照。

painting

2 左からナイトフォールブルー、ローアンバー、オーカー。3色を混ぜて水で薄める。

製図

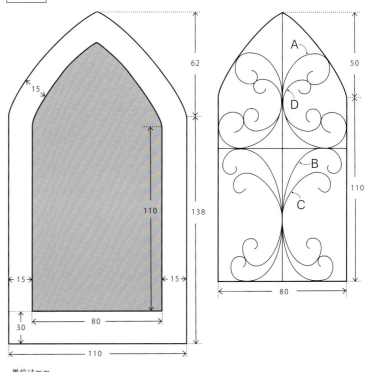

単位はmm
□ →くりぬく

3 2の色をフレームに塗る。角は重ね塗りして濃くし、くすんだ感じを出す。

4 キッチンペーパーで余分な水分を取りつつこする。古びた雰囲気が出てきた。

5 水で薄めたローアンバーをフレームの角にかすれさせて塗る。

wire work

6 白をかすれさせながら塗ったら、ペイント完了。

7 アンティーク仕上げはバランスが命。「ちょっと物足りないかな？」というあたりで止めるのが無難。どうしても物足りなくなったら、塗料を薄く重ね塗りすればOK！

8 平ワイヤーを図案の上に置き、図案に沿わせて曲げる。 9 両端をペンチで上に向けて曲げる。

10 飾りの平ワイヤーのパーツを全部作る。

11 ナイトフォールブルーとローアンバーを混ぜる。これは水で薄めずにそのまま使う。

12 ミッチャクロンを塗った平ワイヤーに11の色を塗る。全パーツに塗る。

iron work

13 フレームの内側に、十字にワイヤーを差し込む。11の色を塗る。

14 色を塗ってアイアン風になったパーツを平アルミワイヤーで束ねる。11の色を塗って溶け込ませる。

15 結束線で作ったコの字形ピンで、8〜10の飾りをフレームに固定させる。しっかりと安定するまで、数か所とめる。このピンも、11で塗って溶け込ませる。

16

できあがり！

フレームの下の両側にEを15mmと25mmに切ったものを、接着剤でL字に貼る。水で薄めたトップコートを塗って完成。

FAIRY GARDEN ITEM 12 アンティークのアイアンフレーム 製作の難易度 ★

FAIRY GARDEN ITEM 13
撮影スポット

こちらはミニチュア雑貨や小さな鉢の背景として重宝。撮影すると自分がこの世界に引き込まれたように感じることでしょう。玄関に飾る人も多いですよ。

仕上がり　横400mm×奥行き200mm×高さ300mm

製作
塚田昌枝さん（東京都）
Instagram@studio_m_masae

材料

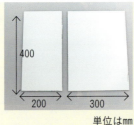

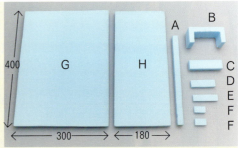

- スタイロフォーム
  幅400mm×高さ500mm×厚さ20mmを1枚
  （細かいパーツ分も含む）
  A：20×20×280mm
  B：50×120×50mmの内側を
  　40×100×50mm切りぬく
  C：100×20×20mm　D：80×15×10mm
  E：80×15×10mm　F：20×15×10mm
- アルミ複合版…
  幅400mm×高さ500mm×厚さ5mmを1枚
- ギルトセメント レリーフ…1.5カップ
- ハイモルエマルジョン：モルタル用小さじ3、
  下地用大さじ4
- 水：モルタル用…300cc、下地用…大さじ2、
  トップコート用…2.5cc　●シーラー…大さじ1
- トップコート…25cc

- ボンドG2002…適量
- 塗料：ダークビクトリアンティール（デルタ）、黒、
  ドルフィングレイ（デルタ）、オキサイドレッド、
  ローアンバー、白、オーカー、バーントアンバー

製図

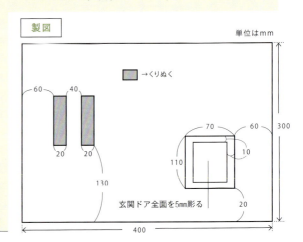

道具 P7

作り方 **foundation**

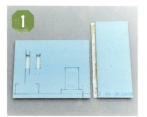
1. 窓をくりぬいたスタイロGと複合板をボンドで接着。スタイロHも複合板と貼り合わせる

2. GをHの複合板に立てて接着する。倒れないように、Gの後ろに支えを置く。

3. Aを右端の壁にボンドで貼る。B（花壇になる）を貼り、Cから10mm角を切り出して、階段を作る。

4. D（立水栓）、その下にEFをボンドで貼って囲いを作る。ワイヤーブラシをかけ、水で薄めたハイモルを塗る。

mortaring

5. 全体に厚さ2mmでモルタルを塗る。次に玄関と窓まわりを5mm盛り上げて石模様を作る。

6. 花壇にレンガ模様を作り、玄関ドアに板目を作る。全体にシーラーを塗り、白を塗る。

painting

7. ダークビクトリアンティールとドルフィングレイを混ぜる。

8. ドアに7の色を塗り、上から水で薄めたローアンバーをところどころにのせる。

9. オーカーに白、ローアンバーを少し混ぜた薄い黄土色を作る。

10. 玄関まわりの石模様、階段を9で塗って石造りを表現。

11. 9の色で石の柱、屋根瓦を塗る。ときどき、ローアンバーを足し、色の濃淡をつけるのがポイント。

12. 9の色にバーントアンバーを足してチョコレート色を作る。

できあがり！

13 12のチョコレート色で立水栓を、水で薄めて立水栓の囲いを塗る。14 オキサイドレッド、オキサイドレッドに白を混ぜたピンク、ローアンバーをそれぞれ水で薄め、3色を作る。15 14をレンガにランダムに塗る。16 壁と地面に水で薄めたオーカーとローアンバーを塗り、目地に水で練った目地材（分量外）を塗る。水で薄めたトップコートを塗り、外灯などのパーツをつけて完成。

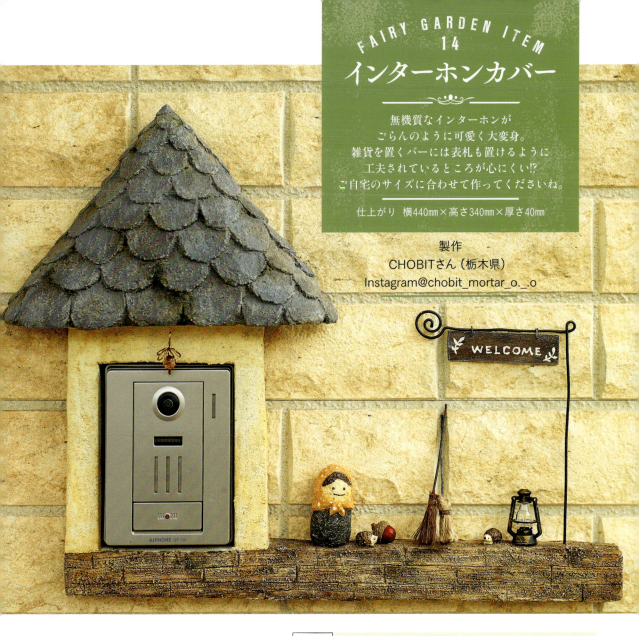

FAIRY GARDEN ITEM 14
インターホンカバー

無機質なインターホンが
ごらんのように可愛く大変身。
雑貨を置くバーには表札も置けるように
工夫されているところが心にくい!?
ご自宅のサイズに合わせて作ってくださいね。

仕上がり 横440mm×高さ340mm×厚さ40mm

製作
CHOBITさん(栃木県)
Instagram@chobit_mortar_o._.o

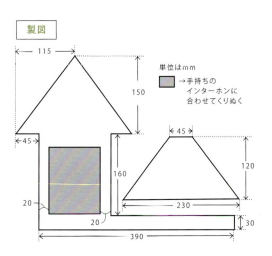

製図　単位はmm
→手持ちのインターホンに合わせてくりぬく

材料

- スタイロフォーム
  …幅440mm×高さ340mm×厚さ20mmを1枚
- ギルトセメント レリーフ…1カップ
- ハイモルエマルジョン：モルタル用…小さじ2、下地用…大さじ1
- 水：モルタル用…65cc、下地用…10cc、トップコート用…1.5cc
- シーラー…30cc　　トップコート…15cc
- スチールワイヤー…直径2mm×長さ300mmを1本
- ボンドG2002…適量　　強力接着剤…適量
- 塗料：バーントアンバー、黒、コバルトブルー、白、ローアンバー

道具 P7

作り方 foundation

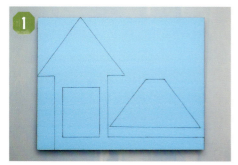

1. 製図どおりにスタイロを2種類カット。窓は、手持ちのインターホンのサイズに合わせる。

2. 本体の上に、台形の屋根をのせてボンドで貼り合わせる。

mortaring

3. 重ねた屋根と本体の屋根がなだらかにつながるようにカッターで削る。ワイヤーブラシをかけ、水で薄めたハイモルを塗り、モルタルを壁に2mm、屋根に4mmの厚さで塗る。屋根にウロコ模様の瓦を作る。

painting

4. グレー系の色を3色作る。バーントアンバーに黒とコバルトブルーを少量混ぜて濃いめのグレーに。その濃いめのグレーにコバルトブルーを少量混ぜてブルーグレーに。コバルトブルー少量と白、黒を混ぜてグレーを作る。

5. シーラーを塗り白一色で塗り、乾いたら4で作ったグレーとブルーグレー、濃いグレーの3色をまだらに塗る。

6. さらに、まだらに塗る。色が重なってもOK。その濃淡がリアル感を醸す。

7. ときどき遠くから見て、色にかたよりがないかチェックするのがポイント。

8. グレーをすき間に塗る。ベタ塗りではなく、筆で色を置く感じに色をつける。

9. できあがり！
枠に水で薄めたオーカーを塗り、バーに水で薄めたバーントアンバーを塗る。バーントアンバーに黒を混ぜたこげ茶色をバーのところどころに塗り、地面を作る。全体に水で薄めたトップコートを塗布。飾りのパーツを好みでつける。ワイヤーで作った飾りなどは、穴をあけた土台に差し込み、強力接着剤で貼って固定させる。

FAIRY GARDEN ITEM 13 インターホンカバー

製作の難易度 ★★

Lesson 04

あなたの創造力を刺激する作品ギャラリー

MORTAR DECO MEISTER LIST

ここまでご紹介した作品をマスターしたら、
あなただけのオリジナルアイテムに挑戦してみましょう。
あなたのインスピレーションの源になりそうな
18作品をごらんください！

モルタル造形のQ&A

お問い合わせの多い質問にここで回答します！

Q 工程の途中で中断しても大丈夫？

A 作業に数日かかる大がかりな作品を作る場合は、1面だけは一気に仕上げてください。1面を塗り終わらない状態で中断すると、先に塗った部分とあとで塗った部分に、乾燥ムラが起こる場合が。残念な仕上がりになってしまいますよ。

Q 造形中にモルタルを削りすぎてしまったら？

A モルタル造形のいいところは、やり直しがしやすいこと。削りすぎたら、ハイモルエマルジョンを多めに入れたモルタルを塗って、ドライヤーで乾燥させてください。完成後に破損した場合も、この方法で修復し、着色をし直したら元どおり！

コッツウォルズハウス	デニム鉢
made by kc-forestさん（茨城県） @kcforest0515	made by ツボサンゴさん（福岡県） @tsubo_35

Sanae's VOICE
大好きな場所を歩いているような感覚になりました

Sanae's VOICE
作者の愛らしさがにじみ出ている作品ですね

Q 着色のやり直しはできますか？

A 着色は、絵の具を水で薄めてから、少しずつ塗り重ねて濃くしていくのがコツ。本書でも、着色の時は必ず水で薄めて、うっすらと色がついた状態を重ね塗りしています。こうすれば色の修正もしやすく、グラデーションも生まれます。色を変えたくなったなら、着色済みの部分を白で塗りつぶして乾燥させてからあらためてお好みの色で塗ってください。ただし黒など強い色の場合は、白では塗りつぶせない場合もあるので注意。

Q モルタルで作った作品はどれくらいもちますか？

A 半永久的です。そもそも土台で使用しているスタイロフォームは、住宅建築に使用されている素材です。防水性が高く、水にぬれても腐らず、長もちするのは当然ですね。ただし、ピンポイントに荷重や衝撃を与えると割れる場合があります。倒すなどしてひびが入った場合はモルタルを塗り直し、欠けた場合も内部のスタイロはきっと無事ですから、造形し直してください。

P103～107に掲載した「@～」はインスタグラムのアカウントです。 103

antique candle

> Sanae's VOICE
> キャンドルの
> ゆらめきに
> 注目を

made by
シュエットさん（東京都）
@chouettemygarden

アンティークポット

> Sanae's VOICE
> きれいな
> 丸いフォルムは
> 造形が難しいです

made by
tomo-gardenさん（栃木県）
@tomo_garden_y6h

マッシュルームストーン

> Sanae's VOICE
> 周囲の自然と
> 溶け込ませる
> 表現力

made by
アトリエグースベリーさん（神奈川県）
@atelier_gooseberry

Cactus Deco

> Sanae's VOICE
> サボテンが
> 今にも踊り
> だしそう！

made by
すみっこGardenさん（長野県）
@naruto7610710

Forest Music

Sanae's VOICE
黒と多肉の
コントラストが
映えます

Sanae's VOICE
モルタルと多肉は
好相性。
プレゼントにも
ぴったりです。

made by
fairy starさん（神奈川県）
@fairy_star.takayo

ル クール

made by
モルタルデコ教室ちまちまさん（滋賀県）
@studio_timatima

"BOOK" garden plate

Sanae's VOICE
アンティークに
しか見えない
造形と着色

Sanae's VOICE
室内でも
楽しいのも、
モルタルデコの
魅力のひとつです

made by
田中木綿香さん（兵庫県）
@atelier_viola_yt

ノームサンタ

made by
リクヴィルの風さん（神奈川県）
@alsace_fairy_tale

MORTAR DECO MEISTER LIST　18人の作品をご紹介します

カフェのある裏路地

made by
Cottonpot さん（埼玉県）
@cotton_pot0135

> **Sanae's VOICE**
> ミニチュアな世界は
> モルタル造形の
> 面目躍如。
> 視線を低くしたら
> 路地に
> 迷い込まれそう

遺跡ブック

made by
atelier k.clair kazu さん
（埼玉県）
@rosa_kazu

> **Sanae's VOICE**
> 朽ちかけた
> 表現も
> モルタルなら簡単

風にひらり麦わら帽子

made by
Green Gem さん（静岡県）
@greengem.ai

> **Sanae's VOICE**
> 麦わらにしか
> 見えない
> 表現力

Cafeプレート

made by
atelier Kanon さん（静岡県）
@kanon.taniku

> **Sanae's VOICE**
> ガラスを削って
> 模様を
> 入れています

ガーデンプレート

Sanae's VOICE
こまかな模様は根気が命

made by
petit atelier M さん（埼玉県）
@petit_atelierm

蚊取り線香ホルダー －もくもく届け－

Sanae's VOICE
熱くなっても大丈夫な素材を選択

made by
大塚順子 さん（神奈川県）
@ateliercapo

アルベロベッロ壁掛け時計

Sanae's VOICE
愛らしさと実用性を両立

made by
STUDIO SAKUTA さん（東京都）
@studiosakuta

月あかりのブランコ

Sanae's VOICE
主役の多肉が引き立つデザイン性。ブランコに乗ってる猫はどこの子？

made by
nico garden craft さん（山梨県）
@nico_garden_craft

MORTAR DECO MEISTER LIST
18人の作品をご紹介します

マイスターさんは
きっとあなたの住まいのそばに！
モルタル造形を始めたくなったら
こちらの教室に
お問い合わせしてみてください

※「@〜」はインスタグラムのアカウントです

秋田

Anthiaさん
@atelier_anthia

長野

アトリエよいとさん
@yoitoyoito
1109

埼玉

アトリエ874さん
@garden.
874muku

コタガーデンさん
@kota_garden

東京

Atelier Hさん
@hidehidekos

Petit atelier
Noelleさん
@noelle.1222

gardencocoさん
@ootsuka.
yoshiko5201

オレンジペコさん
@orange.
pekoe703

ぷちまにーにさん
@puchimanini

ヤギ小屋さん
@ritsu.y.co

makoさん
@mako.little
_happiness

walnuts
gardenさん
@walnuts
_garden

森 美幸さん
@miyukin0529

千葉

table_leafさん
@table_leaf

アリスさん
@arice3232

リトル
ガーデンハートさん
@littlegarden.
countryheart

茨城

荒井真砂代さん
@iroha_design_

芳賀由美子さん
@yumiyumi
garden612

栃木

アトリエ
てんてんさん
@1010tenko

ashikaga_logさん
@ashikaga_log

harumamaさん
@harumama.
garden

ル カクトゥス
タニクさん
@le_cactus
_ta29

本書に掲載した作品を製作して販売すること、また掲載作品を使用しての有料のワークショップや教室（レッスン）は禁止させていただきます。

MORTAR DECO MEISTER LIST

神奈川

Tree treesさん
@treetrees
hanacandle

大塔 友さん
@manon
__mignonne

群馬

atelier
_chamaruさん
@chamaru83

カントリー
コテージ・kさん
@moka.0502

モルタル工房
ポアロさん
@morutarukobo.
poaro

アトリエ
ブルーベルウッドさん
@atelier.blue
bellwood

三重

Atelier anさん
@atelier_an_m

岐阜

Wizard's
Laboさん
@wizards_lavo

静岡

ネロリクラフツさん
@neroli_crafts

山梨

長田明美さん
@fujisan_
designstudio

アトリエ裕々さん
@yumi5985

岡山

Hygge m.
craftさん
@teshi_teshi1

アトリエ
ポポラさん
@atelier_popola

kotaniwaさん
@kotaro1857

福岡

チロワさん
@tirowa
_mortar_deco

広島

atelier杏さん
@annduck0512

新潟

atelier
_momonaさん
@momona.__

コンフォー
タブルさん
@confortable23

松尾結子さん
@studio_lino_

和歌山

Juli's
gardenさん
@shichi
gatsunoniwa

Creaさん
@crea_con_te

大阪

Deco
*Labo*Flower
さん
@deco.labo.
flower

大分

岩崎由美子さん
@yumi_gram.
enchante

熊本

mortar garden
coconaさん
@saru_kazu

ここで掲載したマイスターさんのリストは2024年8月現在の情報です。最新は、https://www.sanaegarden.net にてご確認ください。

109

最後に ────

　私が「モルタルデコ」という言葉を作ってから早7年。初めて本という形でご紹介してからも7年たち、モルタル造形は庭づくりに欠かせないものになったと思います。完成度も高まるばかりで、自宅の庭がイギリスのコッツウォルズや南フランスの景色に生まれ変わったり、妖精が舞う絵本の世界にトリップできるのですから、達成感があります。

　いっぽうで、まだモルタル造形を体験していない人たちが置いてきぼりになっていないか心配で……。

　本書は、初心者からさらに腕を磨きたい人まで、たくさんの人の期待にこたえられる作品の作り方を解説しました。

　下手っぴでも雑でもいいのです。それが味になります。私も、作品製作の途中で「あ、間違えた！　やり直し！」なんてことを何度繰り返したことか。それでも形になるのだから、モルタル造形っておもしろい！

　本書をとおし、モルタル造形の素晴らしさや楽しさを知ってほしい。そして、庭づくりを楽しんでいただけるとうれしいです。

原嶋早苗

これ、ぜ〜んぶモルタルで作りました！

著者・原嶋早苗

ガーデンクラフトアーティスト、モルタルデコアーティスト。園芸店でガーデニング教室講師を務めるかたわら、ワイヤークラフトも習得。造園会社での植栽、モルタル造形の製作を経て、2010年に「Sanae Garden」をスタート。ここでモルタル造形、ワイヤークラフト、木工などのガーデンクラフト教室を自宅の庭に設けたアトリエやオンラインで開催し、全国に生徒をもつ。
現在、モルタル造形の資格＝ディプロマを取得した「モルタルデコマイスター」の指導にも力を入れている。

著書『庭づくりを楽しみつくす ガーデンクラフトLesson』（成美堂出版刊）、『簡単ガーデンクラフトのつくり方48 原嶋早苗のモルタルデコとワイヤー雑貨』（主婦と生活社刊）

https://www.sanaegarden.net
インスタグラム@sanaegarden

STAFF
取材執筆　小山邑子
撮影　竹田正道
イラスト　シホ
デザイン　ohmae-d（中川 純）
校正　福島啓子
編集担当　高橋薫

モルタルで作る ガーデンクラフト51

著　者　原嶋早苗
編集人　束田卓郎
発行人　殿塚郁夫
発行所　株式会社 主婦と生活社
　　　　〒104-8357　東京都中央区京橋 3-5-7
　　　　https://www.shufu.co.jp/
　　　　編集部　03-3563-5129
　　　　販売部　03-3563-5121
　　　　生産部　03-3563-5125
製版所　東京カラーフォト・プロセス株式会社
印刷所　大日本印刷株式会社
製本所　株式会社若林製本工場

ISBN978-4-391-16291-2

十分に気をつけながら造本しておりますが、万一、乱丁・落丁その他の不良品がありました場合には、お買い上げになった書店か、小社生産部へお申し出ください。お取り替えさせていただきます。

Ⓡ 本書を無断で複写複製（電子化を含む）することは、著作権法上の例外を除き、禁じられています。本書をコピーされる場合は、事前に日本複製権センター（JRRC）の許諾を受けてください。
また、本書を代行業者などの第三者に依頼してスキャンやデジタル化することは、たとえ個人や家庭内の利用であっても一切認められておりません。
JRRC（https://jrrc.or.jp/　eメール：jrrc_info@jrrc.or.jp　TEL03-6809-1281）

※本書記事中の本文の価格表示は、2024年8月現在の税込価格です。
変更になる場合がありますので、ご了承ください。

©Sanae Harashima　2024 Printed in Japan